PRÓLOGO

Todo en esta vida es un crecimiento, algunos lo llaman evolución, otros proceso y es algo tan sencillo como un simple inicio y un final, todo depende de la corriente filosófica con la que se quiera ver o con algo más coloquial, es decir, todo depende con el cristal con que se mire; por lo tanto, con esto en mente se plasma en este impreso dando pie a un proceso más, con la finalidad de brindar salud a los que lo leen. Ahora la pregunta es ¿Cómo puede ser esto? y más aún, que al leer unas palabras produzca este efecto. Por lo tanto, como estos verbos y sinónimos: Risa, carcajada, humor, alegría, chiste, parodia, broma, simpleza, sarcasmos, etcétera tal parecen no tener relación alguna, pero pueden producir buena salud. Siendo esto posible por la Ley Universal del Poder de la Palabra, es decir, el acomodar en orden esas letras, creando palabras con un significado y una intensión especifica, crean narraciones como las siguiente: Un chiste causa Risa y hasta una Carcajada, provocando que se dé un buen sentido del humor a cierta situación, como consecuencia un buen momento de alegría, logrando un vinculo de amistad entre los participantes, beneficiando el estado de ánimo de cada uno, y esto mejora los procesos biológicos y físicos de manera muy positiva, dando como consecuencia general un mejor estado de salud, por lo tanto, este mecanismo natural es gratuito y garantiza un derecho biológico que es la salud, que además, es una cualidad del ser humano que nos hace diferentes de las otras especies.

La risa es un don que cada uno tenemos y se debe explotar, cualquier ser humano lo puede utilizar, no se necesita una preparación especial, pero que de igual manera necesita ejercitarse, pudiendo ser de manera personal al recordar anécdotas graciosas o de manera grupal al contar sucesos cómicos; algunas personas han descubierto esa energía y su potencial, el cual usan como modus vivendi, llegado a expresarse en diferentes áreas.

Lo importante de esta obra es provocar una sonrisa, el motivo de la misma es un crecimiento personal, el cual puede ser, el que te haya hecho recordar algo vivenciado, o por una situación curiosa, etcétera, en fin, es el poder dar esa energía positiva que se representa en un buen rato de humor, dando una mejor salud, por eso, la vida hay que tomarla "A TODA ..... RISA".

INTRODUCCIÓN

Haber, cuéntame un chiste!!, frase común y cotidiana, pero, ¿qué es un chiste? ¿será solamente una frase? ¿será solo un comentario gracioso? ¿será alguna idea poco común?, o más bien, ¿es una situación que le ocurrió a alguien en su vida cotidiana, la cual es narrada de manera especial con la finalidad de reírse de la desgracias?, y en ocasiones hasta en un sarcasmo, ¿será acaso una manera de ver la vida con humor, dejando de lado la rigidez, o tal vez minimizando los problemas?, en fin, no existe una definición especifica, sino definiciones, que circundan un mismo concepto, y finalidad, el reír.

Y como la gran mayoría de estos acontecimientos son generados de situaciones comunes, cualquiera estamos expuestos a ser participe de alguno de ellos o proponer nuevos, no hay que ser personajes especiales, simplemente ser nosotros, aunque existen ciertos personajes, como los que mencionaremos más adelante, que pueden incurrir muy frecuentemente, por lo que acaban por aceptar y ver la vida con gran humor es por eso, que se narraran historias cotidianas, de personajes comunes, como Don Caguamo, Doña Tela, la pequeña Chuyita, entre otros, que nos muestran, a más de uno lo que nos pueden suceder, y que cualquier parecido con la realidad es mera coincidencia.

- 3 -

AGRADECIMIENTOS

A mis Padres por la vida y el impulso de superación constante

A mi hermana por la compañía y apoyo en la vida

A mis Maestros por guiar el camino para realizar mis proyectos

A mis amigos en la vida, por compartir minutos de alegría y de humor con un chiste

ÍNDICE

ÍNDICE

1. NEUROLOGÍA DE LA RISA

Científicos ingleses hallaron nuevas evidencias sobre el poder contagioso de la risa: que nuestro cerebro es particularmente sociable, "Parece que es absolutamente cierto, que si reímos el mundo entero ríe con nosotros", dijo a LA NACIÓN, Sophie Scott, investigadora del Colegio Universitario de Londres, y autora del estudio publicado en la revista Journal of Neuroscience . Estudios previos habían demostrado que cuando observamos una cara sonriente se activa un grupo de células nerviosas llamadas neuronas espejo, que nos impulsan a sonreír. El fenómeno es evidente en los bebés, que sonríen a quien les sonríe. Luego un nuevo estudio reemplazó el estímulo visual por uno auditivo y mediante estudios de resonancia magnética funcional, monitorearon la reacción cerebral de un grupo de voluntarios. Las neuronas espejo se activaron como respuesta a todos los sonidos, preparando a los músculos faciales a entrar en acción. Sin embargo, la respuesta fue más intensa en el caso de las risas y voces triunfantes, hecho que no deja de ser una buena noticia, ya que la realidad no siempre permite presuponer que las emociones positivas son más contagiosas que las negativas. [1]

Los niños ríen alrededor de 200 veces al día, los adultos sólo entre 15 y 20, y no por incapacidad, sino por falta de ocasiones propicias, y sobre todo por exceso de problemas, no cabe duda de que la cuota debería aumentar, pues con cada risa se activan más de 400 músculos. Además, no se necesita mucho: basta ser testigo de situaciones que diluyan las máscaras sociales, que pongan en ridículo a alguien, o inclusive a uno mismo, como ocurre en algunos chistes, ya sean de corte feminista o machista, de borrachos, de sexo; de lo que sea es bueno, porque lo medular en un chiste es que haya una abrupta ruptura de una situación lógica mediante el efecto sorpresa. [2]

Investigadores del Instituto de Neurología de Londres y de la Universidad de York, en Toronto, Canadá, realizaron una indagatoria (publicada en la revista Nature Neuroscience) acerca del sitio exacto del cerebro en el que un chiste o una situación se transforman en risas y carcajadas. La institución concluyó que es el córtex prefrontal medial (detrás de la frente) el área a la que hay que agradecer nuestro sentido del humor. [1]

El Dr. Derks ha observado, que durante las explicación del chiste, la corteza del hemisferio cerebral izquierdo realiza su función analítica procesando las palabras, después, prácticamente toda la actividad se desplaza hacia el lóbulo frontal, que es el centro de lo emocional, unos momentos más tarde entra en funcionamiento la habilidad sintetizadora del hemisferio derecho y unas milésimas de segundo después, antes de que el sujeto tenga tiempo de estallar en carcajadas, las ondas de la actividad cerebral se extiende a la zona del proceso sensorial, ubicada en el lóbulo occipital, las ondas Delta fluctúan y descienden culminando en el momento en que el sujeto capta el chiste, comenzando la manifestación externa de la risa, por lo tanto el humor activa todas y cada una de las partes del cerebro, convirtiéndola en una clase de Gimnasia Mental

Otros efecto a nivel físico corporal se han descrito en algunos estudios como ejemplo los que demuestra los del siquiatra estadounidense William Fry, donde expresa, que cinco minutos de risa equivalen a 45 de ejercicio ligero, u otros estudios que concluyeron, que proporciona un masaje vibratorio a todo el cuerpo, se identifico un aumento de la capacidad pulmonar, y se oxigenan los tejidos, baja la presión sanguínea, elimina toxinas, se alivia el estreñimiento, reduce los niveles de hormonas relacionadas con el estrés, como el cortisol y la epinefrina, por lo tanto libera adrenalina además de que favorece la agilidad mental, gracias a la descarga de dopamina, se levanta la autoestima y genera un efecto calmante del hambre y la ansiedad debido a la estimulación de la serotonina, reduciendo el estrés y el miedo. Por eso no es conveniente no escatimar en una sola risa, ni mucho menos si son carcajadas. y lo que se conoce como morirse de la risa dista mucho de llevar a la tumba; por el contrario, y estudios apuntan que "un rostro siempre alegre aparenta menos edad de la que se tiene debido a que las mejillas se relajan, pero sobre todo la vida se ve de forma más optimista. [2,3]

---

1. Buena Siembra
2. La Jornada
3. Los efectos terepéuticos del humor y la risa

CHISTES

DETECTADOS

POR EL ALCOHOLIMETRO

2. BORRACHOS

En esta ciudad existen como en muchas otras los clásicos personajes que viven con él alcohol y que sin embargo tienen la peculiaridad de hacer su vida con humor, como por ejemplo Don Caguamo y Don Cerverino, que cada día es una anécdota diferente:

LUNES

Afuera de la cantina, sentado en la banqueta estaba Don Caguamo, y de repente frente a él pasa una bella dama a la cual le dice:

Oye guapo!!, yo te llevo a Europa!!

Señor, quiero decirle que soy lesbiana

No importa, te saco el pasaporte.

LUNES HORAS MÁS TARDE

En el jardín principal, rumbo a su casa Don Caguamo al ver a otra hermosa mujer le dice:

Oye guapa, dame un besito!!

No señor, - por que yo tengo escrúpulos -

No importa, yo ya estoy vacunado!!

LUNES LLEGANDO A CASA

Don Caguamo afuera de su casa le dice a la voluminosa muchacha que pasaba por ahí:

Adiós, tocaya!!

Señor, yo creo que usted esta equivocado, por que yo me llamo Margarita.

Y yo me llamo Senón.

LUNES AL ENTRA A LA CASA

Al entrar a su casa Don Caguamo es esperado por su esposa en altas horas de la madrugada y al verlo, su esposa le dice:

Y se puede saber, ¿por que llegas tan tarde?

Mi Amor!!, que no sabes?

Que con el alcohol los cuerpos se dilata!!

MARTES

También a Don Cerverino, le pasan cosas interesantes, como por ejemplo
en la cantina de su costumbre:
Don Cerverino sale corriendo del baño de la concurrida cantina gritando
desesperado:

En el baño se echaron un pedo!!, en el baño se echaron un pedo!!!
Y el Cantinero pregunta tranquilamente:
y eso ¿qué tiene de malo?
Pero, - ¿a apuñaladas? !!

AL SALIR DE LA CANTINA
Después del acalorado suceso:
Don Cerverino estaba en la banqueta afuera de la cantina acostumbrada, y
le grita a la dama protuberante que pasaba enfrente de él:

Que buenas Bubis !! - para hacer Menudo-
Viejo borracho y menso!!
con eso no se hace el menudo.
NO, yo digo para hacerme-nudo con ellas !!

UNA CALLES MAS ADELANTE
Don Cerverino sigue caminando y de repente ve venir hacia él un par de
gemelos idénticos.

Por lo que, pone cara de asombro y tallándose los ojos
Los gemelos lo ven y le dicen:
Señor, no se espante somos gemelos
¿Los cuatro? !!

URGENCIA FISIOLÓGICA
Como ya era de madrugada, iba el Don Cerverino tambaleándose, y al no
aguantar más, se acerca a un poste y empieza a hacer pipi.

De esos casos raros, pasaba por ahí un Policía.
El policía lo ve lo que estaba haciendo
y muy enojado le grita:
Óigame, ¿que es lo que esta haciendo?
Tranquilo, Tranquilo
Recuerda que agua que no has de beber, . . . déjala correr, Hic !!

LLEGA SU CASA
Después de un largo camino y con tanto sacrificio Don Cerverino llega a su casa. Así que su esposa lo esperaba, en la sala de la casa
Don Cerverino la ve y le dice:
Hola, Mi Amor
Ya sé !!
Vamos a jugar al Exorcista
¿Al Exorcista?
Si mi vida
Bueno, esta bien, pero dime como se juega eso
Muy sencillo
Tu me Sermoneas y yo te Güacareo

MIÉRCOLES

EMPEZANDO LA RUTINA MUY TEMPRANO
Estaban en la Cantina Don Caguamo y Don Cerverino con altos grados de alcohol, y empieza a gritar Don Caguamo con todas sus fuerzas:
Arriba la Menstruación!!
Arriba la Menstruación!!
No !!, compadre
no es la Menstruación, es la Revolución.
Bueno, bueno, el chiste es que corra sangre, ¿ o no?

HORAS MAS TARDE
Los dos borrachitos compadres, echando la botana, y uno dice:
Oiga compadre, que Lentecitos!!!
¿Qué compadre?, ¿Le gustaron mis Lentes?
No compadre, quiero decir que, -- que lentecitos y apestositos!!

Y SIGUIENDO EL COTORREO
Fíjese Compadre, que yo para las mujeres soy como el viento !
Y, ¿como es eso?
Muy fácil.

Es que todas me pueden sentir pero ninguna me puede tener.
Después de un ardua jornada de alcohol en compañía de su gran amigo Don Cerverino decide irse a su casa por un importante motivo.

MOTIVO

Con mucha urgencia le dice Don Cerverino a Don Caguamo:

Ya me voy compadre

No compadre, no se vaya, quédese otro rato

Que no ve, que aún es muy temprano, casi van a ser las 10.

De verdad compadre, si me tengo que ir

Pero, ¿por que la urgencia?

Lo que pasa es que mi mujer me dijo, que en esa casa se hace el amor a las 10 pm, este o no este.

Y SALIENDO DE LA CANTINA

Don Cerverino le dice a una dama transeúnte:

Adiós FEA!!

Cállese, viejo Borracho!!

Sí Borracho, pero a mí mañana se me quita !!!

DESPUÉS DEL LAMENTABLE SUCESO

Como ya eran las altas horas de la madrugada Don Cerverino entra a su casa despacio y sin hacer ruido, llega hasta la recamara, se sienta en la orilla de su cama, se quita una bota y luego se empieza a trata de quitar la otra, y en ese momento despierta la esposa y lo ve y le dice:

Se puede saber, ¿A donde vas tan temprano?

Don Cerverino:

Es cierto, tienes razón mejor me duermo otro rato.

Y se acuesta a dormir.

JUEVES

UN ENCUENTRO INESPERADO

Saliendo de su casa se encuentra Don Cerverino a Don Caguamo.

Compadre!!i, y ¿cómo esta usted?

Bien y ¿usted?

Pues más o menos

¿Por que?

Por que yo creo, que el alcohol me hace invisible !

Y, ¿por que dice eso?

Por que cuando llego a mi casa mi Esposa dice,

- que no me puede ver

RUMBO A LA CANTINA DE COSTUMBRE
Pues eso no es nada Compadre.
Fíjese nada más, que ayer agarre un Pedo
¿En serio?
huff !!, pues que buenos reflejos, - para poder agarrarlo

ENTRANDO A LA CANTINA DE COSTUMBRE
Oiga Compadre
Como lo ve, ¿le gusta mi RELO?
Pues sí Compadre pero, no se dice RELO, se dice RELOJ
No compadre !!, -- lo que pasa, es que todavía no he pagado la
última letra, por eso digo RELO.

YA EN LA CANTINA DE COSTUMBRE
¿Entonces que? Compadre
quiere chupar-chela?
No como cree, si yo ni lo conozco !!

DESPUÉS DE UNAS HORAS DE TOMAR
Oiga compadre, mire ahí va su vieja con otro wey
Se levanta de la silla Don Caguamo muy apresurado hacia la
puerta de la cantina, y sale, los ve y se regresa con su compadre a
la mesa muy tranquilo:
No es cierto compadre, es el mismo.

**CUANDO SALEN LOS DOS COMPADRES DE LA CANTINA DE
COSTUMBRE**
Don Caguamo ve a una mujer embarazada que pasaba caminando frente a
ellos y le dice:
Mamacita, mamacita,!!
que bonita se te ve tu pancita !!
Y que le contestan:
Pues si le gusto, mi marido le puede hacer una igual !!

**EN LA ESQUINA DONDE SE ROMPIO UNA TAZA Y CADA QUIEN
JALO PA' SU CASA**
En efecto, después de esta esquina cada quien agarro el rumbo a su casa.

EN CAMINO A SU CASA
Don Cerverino, el muy bromista agarra un teléfono publico, marca y dice:
	Bueno, A donde hablo?
	Usted esta hablando a Locatel !
	Entonces, haber si son muy fregones
	Dígame, ¿Ontoy?

DESPUÉS DE LA BROMITA
Y con altos niveles de alcohol en sangre Don Cerverino se sube y se monta en lo alto de una lámpara de un poste de luz, cuando de pronto
	Raro, pero cierto pasa un Policía y le ordena:
	Señor, bájese de ahí !
	NO, No me bajo !!
	Señor, bájese
	Que No !!, aquí estoy bien

Así que Don Cerverino se niega en repetidas ocasiones hasta que se cae desde la lámpara, rebotando en la banqueta,
	El Poli se le acerca y le dice:
	Oiga, y usted
	¿Quién es?
	Que no se acuerda?, yo era el que estaba allá arriba

CASI AL LLEGAR A SU CASA
Don Cerverino, encuentra un velorio en la casa del vecino, entra muy afligido corriendo, y con un llanto de amargura
	"No somos nada", "no somos nada"
	"No somos nada"
	La viuda ve este cuadro desgarrador
	Se acerca a Don Cerverino y le dice:
	Oiga disculpe ¿Usted conoció a mi marido?
	No !!
	Que no oye lo que digo, que no somos nada.

DESPUÉS DE LA DESPEDIDA CON SU AMIGO, RUMBO A SU CASA
Don Caguamo, pasa por afuera de una casa de la colonia donde se encontraba un velorio.

Don Caguamo ve esto, y se mete a la casa muy apresurado llegando directo junto al difunto, y empieza a gritar eufórico:

Lo siento!, lo siento!,
Al ver esto sale la viuda defensora diciendo:
No señor, no señor
Sabe que, mejor déjelo sentado.

DESPUÉS DEL INCOMODO COMENTARIO

Don Caguamo, sigue eufórico gritando

Bueno y, ¿Por qué te peleaste?, ¿por qué te peleaste?
La viuda al ver, otra vez la situación aparece y le dice:
Señor, señor
Yo creo que usted esta mal informado
Porque mi marido no se peleo, murió en un una operación !!
Ha !!,
Entonces ¿por qué afuera dice "Sepelio a las 7"?

DON CERVERINO AL ENTRAR A LA CASA EN LA MADRUGADA

Don Cerverino se lleva una sorpresa al entra sin hacer ruido a su casa, que lo esperaba su esposa y le dice gritando:

Y se puede saber -
¿por que llegas tan tarde?
Mmhh!! Es que, era el único bar que estaba abierto !! Hic !

DON CAGUAMO ENTRANDO A SU CASA

Don Caguamo después de lo ocurrido llega a su casa en la madrugada y sin hacer ruido, se pasa hasta la recamara se sienta en la orilla de su cama, se quita una bota con todo cuidado y luego se empieza a trata de quitar la otra, y en ese momento despierta la esposa con cara de guacamaya enojada y le dice:

Bueno, y se puede saber a donde vas tan temprano?
Don Caguamo:
Sabes que!!
Tienes razón!! --mejor me duermo otro rato
Y se acuesta a dormir

VIERNES

MUY TEMPRANO, Y TODAVÍA BORRACHIN
Don Caguamo, después de dormir unas cuantas horas por haberse acabado de acostar, y aún en un estado de ebriedad extrema.
Don Caguamo va con rumbo al baño y al pasar por la sala de la casa ve por el cristal a una monja caminando en al banqueta.
Don Caguamo sale a apresurado, la alcanza, y la empieza a golpear
      Zas, pum, ponch, plasch
      Monja para allá, --monja para acá
      Zas, Pum
      Después de media hora de la agotadora actividad.
      Don Caguamo se detiene y empieza a tomar aire diciendo:
      Pues no, que muy fregón Batman.

      Y se regresa a dormir otra vez.

YA QUE DURMIÓ SUS REGLAMENTARIAS HORAS DE SUEÑO
Don Caguamo se alista y sale de su casa rumbo a la cantina de todos los días. Al salir de la casa, se encuentra con su vecino Don Metichon y este le dice a Don Caguamo:
      Oiga compadre,
    Que te has hecho? Por que ayer no te vi en 24 Horas
      Pues a mí que me dices !!
      Eso díselo a Jacobo Zabluwdoski.

UNAS CUADRAS MAS ADELANTE
Se vuelven a encontrar en el camino ya conocido rumbo a la cantina acostumbrada los dos compadres.

PRIMER COMENTARIO DEL DIA
Y Don Cerverino le dice a Don Gacuamo.
      Oiga Compadre !!
      yo creo que el alcohol me hace invisible !!
      Y, ¿por que dice eso?
      Por que ayer cuando llegué a mi casa
      En cuanto me encontró mi Esposa que me dice,
      - que no me puede ver !!

LOS DOS COMPADRES RUMBO A LA CANTINA DE RUTINA
Don Cerverino ve pasar frente a él a una bella dama y le dice:
>Oye guapa, yo te llevo a Europa.
>Señor, quiero decirle que yo soy lesbiana
>No me importa, yo te saco el pasaporte.

ESO ES COMPETENCIA
Pasando por el jardín principal, y a punto de llegar a la rutinaria cantina,
Don Caguamo ve a una hermosa mujer le dice:
>Oye guapa, por favor, dame un besito
>No señor !!
>Ándale, dame un besito
>Ya le dije que no Señor, por que yo tengo escrúpulos
>Eso no importa, yo ya estoy vacunado.

AL ENTRAR A LA CANTINA
Ambos compadres buscan la mesa acostumbrada, se sientan y les van a tomar
la orden acostumbrada, su mesero amigo.

LES TOMAN . . . LA ORDEN
>Oiga compadre !!
>¿Quiere chupar-chela?
>NO !!
>Porque yo ni lo conozco !!

SIGUIENDO EL COTORREO
>Ándele compadre,
>No sea payaso
>Que va a tomar?
>Ha bueno, así sí.
>Pues tequila para calentar garganta.

LA ESPERA
En espera de que los sirvan, Don Cerverino le dice a Don Caguamo:
>Oiga compadre !!
>Usted sabe, ¿porque al Presidente Fox le dicen el Clutch?
>Mmhhh!!, No, no sé - ¿porqué? - Le dicen el Clutch, porque primero
>mete la pata y luego los cambios.

DE NUEVO LA COMPETENCIA
> Órale compadre,
> pues sí a esas vamos
> Entonces usted sabe, ¿porque le dicen a Fox el Esperma?.
> Mmmhhh!!
> No, no sé
> Le dicen el Esperma, porque sino sale con una mamada, sale con una
> jalada.

SIGUIENDO CON LA POLÍTICA
> Oiga compadre !!
> Se acuerda de antes
> Cuando quitaron al Presidente Álvaro Obregón,
> Pues sí !!
> Y pues nos quedamos en Calles
> Y ¿ahora compadre?
> Que estuvo Salinas de Gortari
> No, pues, estuvo Pelón.

Después de una horas de estar tomando, Don Caguamo recibe una llamada a su celular de su esposa preocupada.

LA LLAMADA TELEFÓNICA
La esposa hablando por teléfono con el sufrido borrachito:
> Caguamo, ¿donde andas?
> Dime, por favor, ¿Dónde andas?
> Hola, mi Amor
> esquiando, esquiando
> ¿Cómo?
> ¿Cómo, que esquiando?
> Siii !!
> Es-qui—ando-- hasta la madr....

Bueno, bueno, ya estuvo bueno, ya llevas toda la semana tomando, ya párale.

CHISTES

DE

ANIMALES

3. ANIMALES

Después de haber terminado de seguir la agotadora y peculiar semana de nuestros personajes principales, existen otros campos donde se presenta el humor, es decir, se encuentra en todos lados hasta en las situaciones menos pensadas, como puede ser el género animal.

Y que aunque esto parezca extraño a diferentes animales les pueden suceder situaciones únicas de humor, ya sea por sus características de su especie, por su rol en la cadena alimenticia donde pertenecen, o por acciones extraordinarias que realicen; así que se mencionan algunas de estas historias a continuación:

CAMELLOS EN ACCIÓN
Esto fue escuchado en una grabadora sintonizando la Radio estación Bagdad News:

ANUNCIO DE ULTIMA HORA:
Les informamos, que la competencia de camellos se ha suspendido
Por que se torno Desierto la competencia.

Además les damos –

LAS ULTIMAS NOTICIAS DEL MOMENTO:
Dos camellos viejos y gordos están muy preocupados
Por que el Desierto del Sahara lo van hacer Eje Vial y van a quitar los CAMELLONES.

Y EL CHISTE DEL DIA ES:
Ustedes saben, ¿Qué le dijo un camello a la camella?
Noooo
Pues le dijo: ya deja de estarme Jorobando.

CHANGUITOS
Como siempre los Changuitos haciendo de las suyas.

CHANGUITO BOXEADOR

Estaba un changuito en la Selva entrenando box con un costal de arena, en eso pasa un jirafa por ahí y le pregunta:

¿Qué haces Changuito?,

Pues estoy aquí entrenando para matar al León!!,

ah, pues que bueno, pero mejor luego nos vemos y se aleja,

después pasa una Rinoceronte y en eso pregunta:

¿Qué haces Changuito?,

pues aquí entrenando para matar al León,

ah, pues que bien, sigue entrenando y luego nos vemos,

y así consecutivamente mas animales pasaban y preguntaban lo mismo, hasta que se entera el León y va para comprobar los rumores,

Y al llegar al lugar le pregunta:

¿Qué haces Changuito?

Pues, aaaquí, nnnada, ya sabes nada más haciendo me pendejo!!.

CHANGUITO CHISMOSO

En la Selva se a perdido un Perro y en eso, a lo lejos ve, que un Pantera enorme a toda carrera se lo va a comer y piensa como hacerle para salvarse, así que se pone a mordisquear unos hueso de un animal que estaba muerto y dice:

"Haaa, que rice Pantera me acabo de Chinga!!!";

La Pantera se frena en seco y sale despavorida pensando:

"no me vaya a comer a mí también".

Un Changuito que estaba en un árbol y vio todo va de chismoso con la Pantera y le dice:

"Como serás pendeja, esos huesos ya estaban ahí y ese animal es un simple Perro!!"

El Perro alcanza a darse cuenta de la Mariconada del Changuito,

Así que la Pantera se regresa muy enojada y le dice al Changuito:

"súbete a mi espalda y vamos con el perro haber quien se come a quien"

El perro los ve que vienen y dice asustado:

"¿y ahora que hago?".

Se queda sentado dándole la espalda y cuando están a punto de atacarlo dice:

"ha, este Changuito hijo de la chingada!!, hace como media hora, que lo mandé a traerme otra Pantera y no aparece!!!!

AVES

Dentro de este grupo tenemos, toda ave, ya sea un Gallo pisador, una Gallinita, un inocente pollito, o alguna otra ave que se aparezca por aquí:
PAJARI-RADIONOTICIAS. (Radiodifusora con las noticias más importantes del mundo de las aves)

Un saludo a todo nuestros radioescucha,
Tenemos a una adivinanza, y cuando tengan la respuesta, llámenos inmediatamente y será ganador de un importante premio !!
La pregunta es:
¿Cuántos son los animales, que tiene el hombre en su cuerpo?
Y recuerda, que si tienes la respuesta llámanos !!
Radioescucha
Hola, yo me se respuesta
Locutor:
Muy bien, Haber dímela
Radioescucha:
La respuesta: es que son 7
porque son 2 patas, 2 conejos, 1 pajarito y 2 por nacer.
Locutor:
Muy bien contestado
Pasa a nuestras oficinas por tu premio

Perdón por la interrupción tenemos un reporte de última hora.

GRIPE AVIAR

En esté momento nos informan que nos encontramos de luto por el deceso del Gallo Claudio y Piolín, después de haber sido atacados por el virus de La Gripe Aviar.
Silvestre, esta desconsolado.

AVISO IMPORTANTE

Un Pollito después de escuchar esta terrible noticia, muy preocupado decide avisarles a los otros pollitos y gallinas de la granja más cercana, así que toma su bicicleta y a toda velocidad sale a dar el aviso importante.
Era una tarde veraniega, y el pollito iba en su bicicleta y al dar vuelta en la esquina de la granja choca contra un puerco espin que venia en sentido opuesto.

Caen los dos al piso quedando inconscientes
después de unos minutos despiertan y pregunta primero el Puerco
espin al Pollito
Y tú, ¿quién eres?
El Pollito dice:
No sé, no me acuerdo quien soy !!
Y tú, quien eres?
Puerco Espin:
Pues no sé, tampoco me acuerdo.
Pollito:
Y entonces:
¿qué vamos hacer?, por que no podemos seguir así !!
Puerco Espin:
Mmmhhh ii Ya sé, que hacer
Pollito:
¿Qué?
Puerco Espin:
Que tal si yo te digo como eres físicamente y a lo mejor así te
acuerdas quien eres.
Pollito:
Sí, tienes razón.
Puerco Espin:
Haber, haber eres Chiquito, amarillito, con un piquito, plumas
amarillas
Pollito:
Ha ya me acorde quien soy, ya me acorde, soy un POLLITO !!
Puerco Espin:
Haber ahora voy yo
Pollito:
Bueno tu eres chaparro, prieto, feo, hueles mal, y traes los pelos
tiesos y parados.
Puerco Espin:
Chále, no manches, Soy un NACO !!!.

LLEGANDO A LA GRANJA VECINA:
Después de haber recordado quien era y a don de iba, el Pollito llego a la
Granja vecina a dar la terrible noticia. Pero cuando estaba entrando se
encontró con a una Gallina muy burlona.

GALLINITA BURLONA

Así que estaba la Gallina burlándose y riéndose de un pobre puerquito:

Ja,jajaja, ja ja ja

Ojala, disfrutes de tu último día de vida.

Pero, ¿Porqué dices eso?

Por que hace rato escuche a nuestro Amo que decía: Mí Amor, por favor mañana me les das Chicharrón a esas Gallinas.

Después de este suceso el Pollito les dio la mala noticia y todo fue un alboroto. Ya que les dio la noticia y con esto haber terminado su importante misión, decide regresar a su Granja.

ROSTICERÍA

En el camino se encuentra a uno de sus amiguitos, que estaba parado en la banqueta frente a una Rosticería.

Le pregunta el Pollito:

Hola, Pablito

¿Qué esta haciendo?

Pues aquí, esperando que mi Mamí y mi Papí se bajen de la rueda de la Fortuna.

Cuando regresa a su Granja el pollito después de su travesía de aventura y buen servicio, se encuentra dos Gallinas comadres haciendo chisme.

GALLINITA DE HUEVOS CUADRADOS

Fíjese comadre

que en la Granja vecina, ahí una Gallinita

que pone los huevos cuadrados ii

Ah, caray ii

Pues, eso esta muy raro.

Y, sabe ¿por qué?

Pues dicen por ahí.

que, el gallo de esa Granja tiene el Pie Plano.

GALLINITA COMEDIANTE

Oiga comadre y usted sabe:

¿Por que la Viuda Negra mata al macho después de hacer el amor?

No, no sé
¿por qué?
Para que no ronque.
Ya en la Granja se lo encuentra otro amiguito y le dice:
Que gusto que hayas vuelto ii
Te tengo una preguntas, que quiero, que me las contestes.

PREGUNTAS CAPCIOSAS

Haber, dime
¿que es un lodo?
Pues muy fácil, es un Pajado velde.

OTRA PREGUNTA CAPCIOSA

Y en que se parece un Pato cojo y un Pato Viudo
Pues, esa no me la se
¿En que se parecen?
En que los dos se quedaron sin Pata !! jajaja.

VACA SALVAVIDAS

Oye y supiste lo que paso cuando aquí en la granja cuando andabas avisando
a la otra granja
Nó, no sé
¿qué pasó?
Pues que el toro se estaba ahogando en el lago
Y cerca de ahí, andaba una vaca Suiza
Y el toro pedía ayuda
Y que le contesto la vaca?
Pues "nada güey

Cambiando el tema un poco también ahí pájaros, que nos dan sabias enseñanzas para la vida, son unas aves, que libera su sabiduría y para muestra un botón, de una historia milenaria:

MORALEJA

Había una vez un pajarito en la rama de un árbol, cuando se desato tremendo aguacero, el pajarito estaba feliz porque la lluvia no lo tocaba a él, en esas, apareció un Chango en el tronco del árbol totalmente empapado por la lluvia.

Chango: Pajarito, déjame subir, que me estoy mojando
Pajarito: NO !!
Chango: Pajarito, no seas malo, déjame subir que me estoy mojando
Pajarito: NO !!!, NO !!!
Chango: Pajarito, déjame subir que me estoy mojando
Pajarito: NO !!!, NO !!!, NO !!!
MORALEJA: Entre más duro se pone el pájaro, más se moja el chango.

ELEFANTES

Continuando con el reino animal, en esta selva tan loca, continua la comicidad, como en una ocasión estaban tres elefantes, que estaban a toda madre tirando la hueva en la selva y uno de ellos comenta:

Ay como quisiera tener las orejas grandototoootas
Y los demás elefantes pregunta:
Y, ¿Para qué?
Ah, -responde el otro:
Pa' moverlas y hacer una brisa deliciosa y alivianarnos un poco este pinché calor.
El otro elefante dice:
Pues yo quisiera tener la trompa larguiiiiiisisisisma
Y, ¿Para qué? -- preguntan los otros dos.
Ah pues para llegar al lago sin levantarme, succionar agua y mojarnos todos
Y el tercer elefante comenta:
Pues a mí me gustaría tener unas pestañas largototototas, largas, largas, largas ....y chinas, chinas, chinas ....
Y, ¿Para qué? - preguntan los otros..... Nomás por Puto.

ELEFANTE CHISTOSITO

Después de expresar sus deseos, le pregunta uno de los elefantes el chistosito a su compadre Elefantoní.

Oiga compadre elefantoní:
¿Cómo le harías para meter 5 elefantes en un bochito?
Mmmhhh !!, pues no se compadre
¿Cómo se le hace?
Pues muy fácil, metes 2 adelante y 3 atrás.
Ah !! compadrito usted siempre tan ... chistosito.

SIGUIENDO CON EL MARTIRIO
>Bueno, bueno, y usted sabe:
>¿Por qué las Jirafas, no van al cine?
>No, pues no sé, ¿Porqué?
>Pues por qué los elefantes se llevaron el bochito.
>Ah compadrito que mamuquito y chistosito me salió hoy.

Ta güeno compadre, ahí le va el ultimo:

FIN DE LA TORTURA
Usted sabe, ¿Cuáles son los 5 animales que hacen feliz a una mujer?
>Mmhhhii, pues no compadre
>¿Cuáles son?
>Pues son:
>1 jaguar en la cochera
>1 gata en la cocina
>1 zorro en el cuello
>1 tigre en la cama
>1 buey que la mantenga.

Bueno, compadre con eso ya quito la deshonra de los otros dos.

DE CHILE, MOLE Y POZOLE
Y continuando con el humor, ahí que recordar que se da a todos los niveles y situaciones menos pensadas, hasta en mundos de fantasía, que parecen casi reales, tal es el ejemplo de:

CARACOLANDIA (Es algo parecido a Foxilandia, pero con caracoles)

Así que en un día de tantos del año, iba un Caracol tranquilamente transitando por una calle de la ciudad, cuando de repente fue embestido por no fijarse por una tortuga, que venia a toda velocidad.

Después de los sucedido y quedar tendidos en el piso, los mirones llaman rápidamente a los servicios de emergencias.
Así que pasan por ellos una Caracol-ambulancia y los llevan a hospital más cercano. Una amigo caracol, que se entera de lo sucedido, decide visitarlo.
>Y al llegar al cuarto y estar con él, le dice:

Oye pero, ¿qué te paso?
Sabes, la verdad no sé, - por que todo sucedió tan rápido !!

Y como siempre nunca pueden faltar unos adorables osos y con buen sentido del humor.

COMIDA DE OSOS
Era una bonita tarde, cuando llega la familia Oso a su casita del bosque
Se sientan a la mesa, el Papa Oso y Osito.
Papa Oso ve su plato vació y muy enojado dice:
¿Quien se comió mi sopa?
El pequeño osito, voltea a ver su plato que también estaba vació, y reclama enojado:
Y, ¿quien se comió mi sopa también?
Mama osa aparece y dice:
Cállense los dos, que todavía no les sirvo !!!

Existen recomendaciones de los papas, que debemos tomar en cuenta cuando salgamos, y que sean con humor.

MOZQUITO PARRANDERO
En una ocasión un Mosquito le dice a su Padre:
Papá, papá, puedo ir al circo?
Sí, hijo mío
pero solo ten cuidado cuando la gente aplauda.

Y nadie se salva hasta los galardonados caballos de carreras

ESPECIAL CABALLO DE CARRERAS
Había una vez un Caballo de carreras
que llegaba tan tarde, pero tan tarde
que se quitaba las herraduras para entrar de puntitas a la meta.

COMPADRE HABLANDO DE ANIMALES.
Dos compadres sin nada que hacer y filosofando sobre la vida animal

DUDA DE TARZAN

Fíjese compadre que siempre he tenido una duda
Haber, ¿cual es?
¿Por qué Tarzan ya no usa cuchillo?
No se!!
Por que ya tiene ha-chita.
Pues si compadre, creo que tiene razón.

EL PERRO SANCHO

Pues deje le presento y le presumo a mi perro
Verdad, ¿que esta bonito?
Pues si compadre !!
Y, ¿como se llama?
Se llama "Sancho"
¿Sancho? Y, ¿por qué?
Por que te cuida la vieja cuando no estas
Pues si tiene razón.

SANCHO BILINGÜ.

Además, fíjese, que mi perro habla otro idioma
A ching..., Y, ¿como es eso?
pues haber, que diga algo.
Haber Sancho, dile algo a mí compadre!!
Miau – miau !!.

No sea mamuco compadre!!
en ese caso ahí le va una pregunta.

DOBLE ANIMAL

Haber compadre
¿cuál es el animal, que es dos veces animal?
No compadre, ese chiste ya esta muy viejo
Es el Gato, porque es Gato y Araña
Pues, NO compadre !
El Animal que es dos veces animal, es su Hermana
Pero, ¿por qué?
Por que es Zorra y Cobra !!!

CHISTES

DE

VIEJITOS

4. VIEJITOS

Como se ha venido mencionando, a todos nos toca, es decir, nadie se salva y a todos nos suceden situaciones con humor.
Y ahora llega el turno a la gente mayor de la sociedad, que por sus características propias de la edad, les suceden situaciones únicas, por lo que aquí tenemos a unos personajes muy carismáticos, y con gran sentido del humor, como son Don Arrugís, Don Pánfilo y Doña Cuchufleta.
Es más Doña Cuchufleta dijo en una ocasión:

COMENTARIO
Que dicen por ahí que cuando, que cuando un viejo se viene ¡¡
Se vá ¡¡

Así de especial es Doña Cuchufleta con sus comentarios muy atinados. Y en una ocasión, caminando por la calle, regresando del mercado de hacer sus compras.

SORDERA CONFUSIÓN
Iba Doña Cuchufleta, que por cierto es medio sorda, caminando muy tranquila a su lento ritmo, cuando de repente ve un tumulto enorme de gentes gritando. Así que decide acercase, para enterarse del chisme y le pregunta al primer Fulano que estaba a su lado, por que no veía nada por tanta gente:
Oiga Señor, dígame, ¿qué pasa?
Hay, Señora, ¿qué no ve?,
que es una riña ¡¡
¿Una niña?, ¿Cuál niña?
Bueno, Señora, ¿qué no ve?
que es una disputa ¡¡
¿Una disputa?,
Ah, bueno, entonces no era tan niña.

Después de que todo quedo aclarado, Doña Cuchufleta iba con rumbo a su domicilio, y en el camino se encuentra a su vecina de casa y gran comadre, la cual se encontraba algo triste.

AMBULANCIA DEL AMOR

Así Doña Cuchufleta le dice:
Comadrita, ¿que tiene?, ¿por que esa cara triste?
Pues es que fíjese comadre, que mi viejo se murió
Y, ¿por que?
Pues por culpa de una ambulancia.
¿Una ambulancia?
Y, ¿cómo estuvo eso?
Pues lo que pasa, es que siempre mi viejo y yo, hacíamos el amor
en la tarde al ritmos de las campanadas de la iglesia
Y ya te has de imaginar como era:
Tan-tan, Tan-tan, Tan-tan, y así era siempre.
Pero en ese momento, pues que pasa una ambulancia a toda
velocidad haciéndole Tan-tan-tan-tan.
Y que se muere !!
Pos que triste comadrita !! y comprendo su dolor
Por que eso me hizo recordar el día en que mi viejo se me murió y
quede viuda.
Y, ¿como fue eso comadre?

MEDICINA TORTURANTE

Pues resulta, que mi viejo estaba enfermo, y le hice remedios
caseros y pos nada, que se mejoraba
Y cuando estaba más malo, pos que lo llevo con el Brujo-dotor.
Y me receto, que se le estrellara un huevo en la cara todas las
mañanas, junto con unas oraciones.
Oiga y, ¿se mejoro?
Pues al principio sí, pero hubiera visto qué gritotes ponía.
Y despúes enviude.

Ya hablando de cosas menos tristes.

MINIFALDA

Oiga Doña Cuchufleta
Usted sabe, que a Don Arrugís le apodan la minifalda
¿La minifalda?
Y, ¿por qué?
Pues, porque cada vez esta más cerca del hoyo.

En una ocasión estaba Don Arrugís, muy desesperado y entra corriendo a una farmacia.

FARMACIA URGENTE
>	Señor, señor
>	Sí dígame, ¿en que le puedo servir?
>	Por favor, deme una caja de Viagra.
>	No señor, no puedo ii
>	Por que, para que le demos una caja, es solamente con receta.
>	Y para que con Receta, si aquí traigo al enfermo.

Después de salir de la farmacia, Don Arrugís se encuentra con su amigo Don Pánfilo, el cual iba al asilo donde vivían.

>	Hola, Don Arrugís
>	¿Como estas?
>	Yo bien, y ¿tú Pánfilo?
>	Pues también bien
>	Ah, pues, que bueno
>	¿Entonces qué?, me acompañas al asilo
>	Si vamos, ándale.

AHOGAMIENTO
>	Oye, Don Arrugis
>	Supiste, que la vecina del asilo la del cuarto 10, ayer murió ahogada
>	¿Cómo que ahogada?
>	Si, es que se le hizo agua la boca.
>	. . . No, pues que triste.
>	Unos minutos más tarde, Don Pánfilo dice:
>	Oiga compadre ha escuchado el comentario.

COMENTARIO
De que el otro día Don chochín Ramírez fue a Nueva York
Y que se muere en la quinta a-venida, ... esquina con Broadway.
Y al ir caminando unas cuadras más adelante, le dice Don Arrugís a Don Pánfilo, que es un poco más joven.

ABUELITA VERSÁTIL
Oiga compadre
¿Que pasó?
Su abuelita, ¿sabe de mecánica?
No.
Entonces, ¿qué hace tirada debajo de ese camión?.

HISTORIAS CONTADAS EN UN ASILO
Dentro de un Asilo en ocasiones también existen historias, que tiene su grado de humor. Estaba un día en su lecho de muerte el adorable viejito, y la viejita le pregunta a su compañero de toda la vida:

Turtencio, en nuestra larga vida de esposos, me engañaste en alguna ocasión.
Mmhh !!, Sí !!
Y ¿con quien fue?
Recuerdas a la vecina del departamento de abajo
Sí !!
Pues, ese cuerpecito fue mío
Y, ¿fue la única mujer?
No, también recuerdas a tu comadre Cleta
Sí !!
Pues, también ese cuerpecito fue mío
Pero te pido perdón por eso !!, -- y tu mi vida me engañaste alguna ocasión
Te acuerdas, que antes de cambiarnos a esta casa, vivíamos en frente del Heroico Cuerpo de Bomberos de la ciudad
Sí !!
Pues, ese cuerpecito fue mío

Otra de las historias que se pueden mencionar.

LECHO DE MUERTE

Estaba la viejita en su lecho de muerte.

Y el honorable marido, que estaba a un lado de ella le pregunta:

Viejita, dime, antes de que mueras ¿con cuantos hombres me engañaste?

La viejita lo escucha y en ese momento entra en aparente estado de trance.

El esposo al ver esto, grita desesperado

Noooo!!, contéstame por favor !!!

La viejita abre los ojos y dice:

Cállate, que estoy recordando con cuantos.

CHISTES

DE

NIÑOS

5. NIÑOS

Siguiendo con la misma idea, y aun en los extremos de la vida, no solo los viejitos, hacen su vida con algo de humor, si no también los niños. Sí, efectivamente esos pequeños personajes, los cuales con su Inocencia, su manera tan peculiar de ver el mundo, que están conociendo, por su falta de malicia, y otras tantas cualidades de esa edad, hacen que el humor en ellos y los que los rodean sea algo valioso para seguir riendo.

Por mencionar tenemos en esta sección a niños muy especiales como son Pita, Chuyita, Chago, o chuchito, que cada uno tiene su forma de hacer de su vida con humor.

Empecemos con chuchito.

HADA DE LOS DIENTES

En una ocasión estaba chuchito feliz, por era la primera vez, que se le caía un diente y ya sabia lo que eso significaba así que muy apresurado deja su diente debajo de la almohada (como es la tradición) antes de dormirse
> Y al siguiente día,
> Despierta y empieza a llorar.
> Su mamá lo escucha y como toda buena mamá
> sale apresurada a investigar que paso
> Al llegar con él, pregunta con gran sabiduría.
> ¿Por qué lloras, Chuchito?
> - Buu –buu, Buu – buuu, es que deje mi diente debajo de la almohada
> anoche y me dejaron un papel que dice "Sigue participando".

Hay mi Chuchito, no te sientas mal deja te doy una sopita para que te tranquilices

SOPITA

A la hora del desayuno Chuchito estaba en al mesa y se encontraba sopeando la comida.
En eso su Mamá lo ve y muy enojada se acerca y le dice:
> "No estés sopeando la comida y te me vas a comer esa sopa, pero
> inmediatamente", y tronando los dedos

Chuchito observa esta acción y se levanta de la mesa rápidamente y en tono retador dice:

>A mi no me truenan los dedos
>
>A, ¿No? – responde la mamá.

>No!!, mira, mira, no truenan, no truenan.

Después de esto aparece el Papá de Cuchito y le dice:

>Ya date prisa, para llevarte a la escuela
>
>Si papi, ya voy.

Ya con rumbo a la escuela pasando por un parque iban los dos caminando muy platicadores, y de repente que ven pasar junto a ellos.

BIEN PORTADO

>Una muchacha muy guapa y bien arreglada
>
>Así que chuchito le dice a su Padre:
>
>-Esta bonita verdad papá!!
>
>Sí hijo, esta muy bonita
>
>y si te portas bien cuando crezcas tendrás una.
>
>-Y ¿sí me porto mal?
>
>Pues . . . . . tendrás muchas!!

Al llegar a la escuela, entra Chuchito al salón que tomaba clases, y empiezan el día con una clase de español. La maestra entra y empieza la clase con una pregunta y para colmo de males le toca a Chuchito:

EJEMPLOS

>Haber Chuchito!
>
>Dame por favor un Ejemplo de Ignorancia y otro de Indiferencia
>
>Mmmhh!!
>
>Pues, No sé y me vale!!

Después de terminar esta clase, Chuchito sigue con la abrumadora clase de Matemáticas. Entra el Profesor al salón, pero esté les quiere hacer una broma a sus alumnos diciéndoles:

PROFESOR GRACIOSO

Haber muchachos, quiero que me contesten esta pregunta, por favor para poder iniciar la clase:

Un avión sale de Ámsterdam con velocidad de 40 Km. / hr., presión de 1.0045 hectopascales, humedad relativa de 66%, y temperatura de 20.4 grados, tripulación de 5 pasajeros que pesan 400 Kg. Así la pregunta es:
¿Cuántos años tengo?
Después de unos minutos de silencio y verse la cara unos a otros.
Le contesta chuchito:
Profesor usted tiene 44 años de edad !!
El Profesor asombrado le dice:
Pero que bárbaro
¿Cómo adivinaste?,
La verdad es, que sí tengo 44 años.
Pues muy fácil,
lo que pasa es que tengo un primo de 22 y es Medio.

También en esa escuela acude Chago, otro amiguito de Chuchito
Y el cual seguía clase de educación artística.

CANCIÓN NUMERADA
Llega el maestro al salón y dice:
Hoy vamos a tener una nueva dinámica.
Por ejemplo.
Haber laurita, yo te digo un número y tu me cantas una canción.
Haber si digo yo:
Tres !!
Y empieza Laurita la canción a ritmo de canción de Paca la del barrio:
tres veces te engañe !,
tres veces te engañe !
Muy bien laurita.
Haber, ahora sigues tú Chago.
Veintitrés !!
Y empieza a cantar a ritmo de Rap:
5 en cada mano suman 10,
5 en cada pie son otros 10,
2 nueces y 1 ardilla suman 23.

Después de la clase de educación artística siguió la hora del receso

GUSTOS

    Dos amiguitas platicando, osease Pita y Chuyita.
    Y dice Pita:
    Oye Chuyita, yo creo que a mí Mamá, no le gustan los hombres
    Y, ¿por que lo dices?
    Pues por que nada más tiene uno.

    Minutos más tarde, se encontraba Chuyita llorando, y llorando
    Y la Maestra se da cuenta de esto y acude a investigar la causa.

TRISTEZA

    Así que Chuyita muy desconsolada estaba en llanto
    Buu – buuu – buuu !
    La Maestra se acerca y le pregunta:
    Pero Chuyita, ¿qué tienes?, ¿porque estas llorando?
    Buuu – buuu – buu !!
    Cuéntame, ¿que tienes?
    Es que los niños están jugando a los submarinos
    y no me dejan jugar con ellos !!
    Pero, ¿por qué?
    Por que dicen:
    "Que yo no tengo periscopio".

Ahí en esa misma escuela había una vez

PESIMISTA

    Un niño tan pesimista, pero tan pesimista
    que fue a comprar un helado a la cafetería de la escuela:
    Llega y dice:
    Señor, me da un helado, por favor
    Claro que sí Y, ¿de que sabor lo quieres?
    Del que sea, por que de todas maneras se me va a caer.

    Después de un día exhaustivo de clases, llega la hora de salida y cada
    quien se fue a su casa con sus padres.

CIGÜEÑA

Al llegar a su casa él Papá de Chuchito le dice a su hijo:
Mira Chuchito, quiero decirte algo muy importante
Acabo de hablar con la cigüeña, para que te trajera un hermanito,
¿como ves la noticia?
No me jodas Papá !! Habiendo tantas mujeres, y tú te cogiste una
cigüeña !!
UPS !!

Ya que transcurrieron unas horas, ahora Chuchito le pregunta a su Mamá

QUE FAMILIA TAN MONA

Oye mamá!!
¿Que quieres?, Chuchito
Que dicen, que descendemos del mono.
Pues no se hijo
La verdad es, que nunca me quiso presentar a su familia tu padre.

De igual manera al llegar a su casa Chuyita

MAS PREGUNTAS CIGÜEÑALES

Hace una pregunta capciosa a su madre:
Mamá, ¿Cómo se hacen los niños?
Este ..... mmmhhh
Bueno, Chuyita, es que . . . . a los niños los trae la cigüeña
Haaa!
Y entonces,
¿Quién embaraza a la cigüeña?.

Ya en la noche, cuando llega el Papá de trabajar, Chuyita va lo recibe y le
dice:

MENTIRA

Papá, papá
te digo una mentira.
Haber, pues, dímela !!
Papá !!

Y Pita también hace de las suyas, con esas preguntas que ponen a temblar a cualquiera.

EDUCACIÓN SEXUAL
        Oye Papá.
        Sí dime, ¿que pasó?
        ¿tú le das las gracias a mi mamá después de hacer el amor?
        Mmmhh, Nó. ¿Por qué?
        Por que entonces, no tienes educación sexual.

Unas horas más tarde Pita hace otra preguntilla especial.

DUDA
Pita, le pregunta a su Mamá:
        Mamá,
        ¿Que pasó?, Pita
        Mamá, ¿Qué es Pene?
        La madre se queda sorprendida y dice:
        Niña, por favor, no digas esa palabrota.
        Dime, ¿Donde escuchaste eso?
        En la Iglesia, Mami.
        Pero, ¿Cómo?, ¿que en la Iglesia?
        Sí Mami
        Lo que pasa es que en el sermón el Padre dijo:
        Cuando el alma pene !!!
        Y no sé, ¿que significa?

Para ver que todo sea parejo a Chago también hizo sus comentarios típicos y poniendo a sudar a sus padres.

RAYITA
        Oye papá
        Me puedes decir:
        ¿Por qué tenemos una raya en las pompis?
        Ah, bueno
        Pues por que si la tuvieras más arriba, entonces seriamos alcancía.
        Ah, pues sí es cierto Papá. - Bueno hijo, ya me voy, cuídate !!

Acababan de transcurrir unos minutillos, y Chago grita:

ABONERO

> Mamaaá, Mamaaá. Ahí viene el Abonero.
> ¿Tienes pa´ pagar o me salgo a jugar?

Así que mejor se salió jugar a la calle, y como su vecinita es Pita, se fue a platicar con ella, en esa tarde calurosa de verano.

MADUREZ

Después de lo que le paso a Pita en su casa decidió salir afuera.
Pero ella estaba llorando sentada en el jardín enfrente de su casa, y eso la ve Chago, se acerca y le pregunta:

> ¿Qué tienes?, ¿qué te pasa?
> Dime, lo que sea, yo te puedo ayudar
> No, Chago, no puedo, porque son cosas de mujeres.
> Por favor dime, entenderé, yo soy maduro.
> No Chago, en serio, es que son cosas de mujeres
> Por favor, dime, yo comprendo a las mujeres y te puedo ayudar
> En eso Pita se pone de pie,
> y se le nota en el frente una mancha de sangre en su faldita.
> Chago, pone cara de asombro y grita:
> Pendeja!!!, ¿qué hiciste? ¿Por qué te lo cortaste?.

CHISTES

PESADOS

6. GORDOS

Hay ocasiones en que se puede dar una charla con humor de hasta cinco minutos, es decir, no se necesita planear tiempo o un escenario para reír, tal es el hecho de dos cuatachos, que se encuentran en la terminal del autobús en espera que esta llegara.

BARNEY EN MOVIMIENTO
Dos compadres se encuentran.

Hola, comadre
¿cómo ha estado?
Bien !!
Oiga compadre, ¿Embarneciste?
Pues, ¿no se?
Pues yo creo que sí, por que parece que te tragaste a Barney.

Ándele compadre así nos llevamos
No compadre tranquilo, fue para hacer plática

NOVIA DE PESO

Déjeme y le cuento, que yo tenia una novia tan gorda, pero tan gorda, que cuando nos acostábamos en la cama para hacer el amor
Se caía hacia los lados.
¿En serio?, compadre !!
Y cuando me decía:
Mi amor, ahora te toca arriba
Me quemaba las pompas con el foco.

Eso es tuvo bueno, compadre, pues ya hablando del tema

LA GUAJOLOTA

Fíjese, que a mi vecina la apodan la guajolota
¿La guajolota?
y, ¿por qué?
Pues por que su hijo esta todo gordo-gordo-gordo.

Huy compadre pues que vecinitos

LA GALLINA

Compadre pues déjeme le cuento
que yo tenia un amigo, que estaba tan gordo pero tan gordo, que lo
apodaban la gallina.
¿La gallina?
Y, ¿por qué?
Por que se sentaba en los huevos.

Órale compadre, pues que amiguitos

TAXISTA BROMISTA

Pues eso no es nada compadre
La otra ocasión al salir de la central camionera
Había un Fulano tan gordo pero tan gordo, que paro un taxi y le
pregunto:
Oiga, ¿en cuanto me lleva al zócalo?
Y que le contesta el taxista:
Pues . . . en dos viajes.

CHISTES

MUY

FEOS

7. CATÁLOGOS DE FEOS

Cualquier parecido con la realidad, mera coincidencia.
Existen condiciones físicas, que a pesar de ser algo incomodas hay, que tomarlas con humor y sacarle el lado bueno y positivo.
Por hacer mención de que:

ATROPELLO

En una ocasión un Fulano estaba tan FEO, pero tan Feo, que lo atropello un camión urbano.
- y hasta se mejoro.

CONCURSO CANINO

Había otro Fulano tan FEO, pero tan Feo, que llevo su perro Bulldog a un concurso.
- y que gana él.

INTERNET

En otra ocasión
Había un Fulano tan Feo, pero tan Feo, que mando su foto por Internet
- y que lo detecta el antivirus

PROFESIONAL

Era el Fulano tan Feo, pero tan Feo.
Que para mejorar su autoestima entro a un concurso de Feos, y que lo descalifican
Por que no aceptaban profesionales.

CÍTRICO

En fin, era tan feo, pero tan feo, el Fulano, que cuando chupaba un limón
El limón le decía: "Huagghcatelas".

CONDÓN CADUCO

Era tan feo, pero tan feo el Fulano, que en una ocasión, fue a comprar un condón a la farmacia y antes de salir el dispensario le grita al irse:
Oiga, pero esos condones caducan en 4 años !!

TOALLA SANITARIA

En pocas palabras no se salvaba el Fulano que era tan Feo, pero tan feo. Que sus compañeros de trabajo lo apodaban la Toalla Sanitaria. Porque siempre esta en el mejor lugar, pero en el peor momento.

INVITACIÓN.

El Fulano era tan Feo, pero tan Feo, que un día le habla por teléfono una amiga y le dice:

- Oye puedes venir a mi casa hoy a las 5 PM,

- Claro que sí

- porque te aviso que . . . no va haber nadie.

Y cuando llegó muy emocionado

- Efectivamente, así fue, no había nadie.

CIRCO

Era tan feo que hasta de niño era feo y en una ocasión
Le pidió a su Papá

Papá, papá, me llevas al circo.

Y le contesto su padre:

No, no, no, el que te quiera ver - que venga a verte a la casa.

NOVIA

Y este Fulano tan feo tenia una novia pero tan Fea, pero tan fea que sus malas amigas le decían la Bestia.

- Porque cualquier bestia la cargaba.

CHISTES

DE

DOBLE

SENTIDO

8. HOMOSEXUALES

Como se ha venido comentando, el humor no discrimina a nadie, y en todos los grupos, da pauta para tener un merecido momento de humor.

También aquí existen personajes peculiares, que les ocurren situaciones cómicas, como el caso de Jacinto alias la gurrumina, pero que para, los cuates es Gürru, o Leopoldo (alias la Lupis), o la incondicional Cleo (alias Clemente)

Como en cada etapa de la vida, existen retos y obstáculos que sortear y era el momento decisivo para Lupis. Así que se arma de valor y le da una noticia muy importante a su padre (clásico macho mexicano, bigoton y de sombrero grande).

CONFESIÓN

    Papá, papá, quiero decirte algo muy importante

    Y la noticias es que

    Quiero, que sepas que soy Gay.

    Sorprendido el papá al escuchar esto, dice:

    Haber, haber siéntate y vamos a platicar:

    ¿Estudiaste en el ITESM?

    No.

    ¿Tienes un carro ultimo modelo y de lujo?

    No.

    ¿Tienes una Casa lujosa?

    No

    ¿Tienes un salario de algunos buenos miles de pesos por semana?

    No.

    A bueno !!

    Entonces no te preocupes, no eres Gay

    Eres tan solo un pobre Joto.

Después de la difícil revelación, y aún nerviosa, Lupis para tranquilizarse un poco decide ir a visitar a su amiga Gürru, así que sale muy aprisa.

VOCECITA

     Al llegar a la casa de su amiga
     Empieza a tocar la puerta, Toc-toc,
     Y nadie abrió
     Así que toca de nuevo Toc-toc-toc-toc
     Y de repente desde adentro del domicilio se escucha una vocecita
     que dice:
     - Nnoo eessttooyy !!
     Al escuchar esto Lupis, se enoja
     Y se da la media vuelta, alejándose y diciendo:
     Así ???, pues, entonces sábete que no vine!!!!

Después que su amiguis no le abrió la puerta, se fue a ver o otra amiguita
Cleo (osease Clemente)

Llega a la casa de Cleo y la saluda

MOLE

     Hola Cleo
     ¿Cómo has estado?
     Pues yo muy bien Lupis
     Y, ¿tú?
     Pues, ahí llevándola
     Oye Cleo
     ¿Qué hiciste ayer?
     Pues fíjate que fui a una comida y dieron de comer Mole
     ¿Mole?
     Sí, y tenia Chile Pasilla, Chile de árbol, Chile ancho.....!!
     Haishh, amigüisii, calla, calla
     ¿Por qué?
     Por que se me hace agua la colación!!!
     Hay Lupis, tu siempre de antojada.

**Cuando termino su ilustrativa platica, se quedan en un rato de ociosos y
Cleo le dice a Lupis**

JUEGO PELIGROSO

> Lupis vamos a jugar espaditas (Con cierto parte de su cuerpo y que en ocasiones es de adorno para ellas)
> Ok Manis, si vamos a jugar.
> Se preparan con sus utensilios, y empiezan
> Zas, Zzaasss, pum, Zas.
> Y seguían
> Zas, Zzaasss, pum, Zas
> Después de media hora de un agotador combate
> Lupis se voltea dándole la espalda y le dice:
> Haishh Manis, ya me canse -- "Mátame".

Al terminar cansados del jueguito que se aventaron, Cleo invita a comer a Lupis a una fiesta de otra amiga; al llegar a la fiesta, entran y socializan como es costumbre y disfrutando del momento.

Después de un rato, le dice Cleo a Lupis

COMIDA

> Oye Lupis
> ¿Qué paso?
> Ahí!, ahí !!
> Ahí!, ahí !!
> ¿Qué tienes Cleo?
> Ahí !! Lupis creo que me callo mal el Polloii
> Pues, sabes ¿que?
> Pues no le hables Cleo y vamonos.

Ya cuando la fiesta estaba en su mejor momento, esta un grupito de amigas y empiezan a hablar de todo y de nada, osease de política

VOTACIÓN

> Oigan yo creo que yo voy a votar por AMLO (PG), y creo que van a estar de acuerdo todos los homosexuales y lesbianas
> ¿Por qué dices eso?.
> Por que en su último discurso dijo:
> Lej prometo ji gano, gajles una maquina de coger
> Pues con esas promesas, ni quien negarse a dar ese voto.

Siguiendo en la plática, uno del grupito les dice a los demás:

OVEJA NEGRA

Ustedes saben, ¿por que será que en cada familia siempre existe
una Oveja Negra?
Por ejemplo en mi familia es mi primo.
Otro le responde:
Creo que tienes razón
Por que en la mía, es un Tío.
Y así sucesivamente, hasta que . . .
Responde Cleo:
Haisshh !!, pues en la mía -- No hay nadie !!

Al acabarse la fiesta cada quien se fue a su respectiva casa
Y se despiden Cleo y Lupis.
En el Camino de regreso Lupis, hace una parada en un café para
descansar un rato

BOTAS REGIAS
En un Restaurante-café, en la mesa junto a Lupis, se encontraba un
Regiomontano, Grande, sombrerudo y muy machote.

Lupis lo ve y le pregunta:
Señor, señor
Oiga, ¿de qué son sus botas?
Mis botas son de piel de Pitón.
Huyyy !!
Y me puede dar unas Pataditas.

Después de su cafecito, Lupis se fue a su casa.

Recordando una anécdota curiosa de Cleo

VACA ESPANTADA
En una ocasión Cleo se fue al rancho de su tío.
Iba arreando con una cuerda una vaca por el campo pero de repente la vaca se detiene y ya no quiere caminar más.
Cleo, desesperada jalaba la cuerda, la empujaba, pero nada que caminaba
Al poco rato pasa un vaquero en su caballo
      Entonces Cleo lo ve y le pregunta
      ¿Qué puedo hacer?
      El vaquero le responde:
      Dígale, algo que la asuste !!
      Cleo se voltea hacia la vaca y le dice en la oreja:
      Vaca, vaquita, "tu mamá se murió !! "

CHISTES

MUY

PROFESIONALES

9. PROFESIONISTAS

Continuando con la misma idea, el humor esta presente en todas las elites, es decir, hasta en los profesionistas, para lo cual, existen algunas profesiones, que por la labor que desarrollan se presta más a esta situaciones humorísticas que otras, recordando que ninguna esta exenta.
Iniciaremos con los terribles y temibles Licenciados en leyes mejor conocidos como Abogansters, perdón Abogados.

a) ABOGADOS

TÉCNICA ESPECIAL

En esta sección se dará un Tip, para aquellas personas, que por causas de fuerza mayor se verán en la necesidad de contratar los servicios de alguno se estos profesionistas. Una buena técnica para saber si un Abogado es realmente bueno en su profesión o no es la siguiente:

Paso uno:

Compre un Gato (animal cuadrúpedo, sin ofender a nadie --felino, conocidos como Minino)

Paso dos:

Cuando este frente al Abogado aviéntele el gato en cima

Paso tres:

Observe la reacción del gato

Reacción A:

Si el gato al caer sobre el Abogado sale corriendo en dirección contraria al abogado. Contrátelo
Por que esa reacción quiere decir que si es bueno, porque ese abogado es muy Perro.

Reacción B:

Si el Gato al caer sobre el Abogado lo ataca
No lo contrate
Por que esa reacción significa, que el Abogado es una Rata.

Después de este novedoso Tip, **un pequeño breviario cultural**

ADIVINANZA
¿En qué se parece un canguro y un abogado?
R: En que los dos son unas ratotas del mismo tamaño.

A continuación un ejemplo del arduo trabajo de la profesión

CHAMBEADOR
En una parada de camión urbano.

       Dos compadres se encuentran:
       ¿Qué onda mi Lic.?
       ¿Cuente qué anda haciendo ahora?
       Pues no mucho aquí, robando un poco de Sol.
       Hay mi Lic., no cabe duda
       Usted siempre tan chambeador !!!

Dejando aún lado esta profesión, existen otras que incitan al humor.Y para muestra un botón, así que continuaremos con la rama de la salud; efectivamente, los médicos en todas sus especialidades de los cuales tenemos al Doctor Procuro, y personal que los rodea, sumando a los pobres pacientes que caen en sus maléficas manos, perdón, benéficas manos. Así todo sucede en el Hospital Santa Gracia, en un día común de la consulta externa.

b) DOCTORES
Paciente con el Doctor Bacilo en el consultorio uno

PRESUMIDO
       Hola Doctor
       Hola Don Arrugís
       Doctor, fíjese, que quiero comentarle:
       Que yo hago el amor diez veces al día !!
       Eso, ¿está bien?
       Ahí, señor más bien eso es Mentira.

       Consultorio dos

VITAMINAS
       Oiga Doctor.
       Sépase que yo creo, que necesito vitaminas A, B y C !
       Haber, déjeme ver Señor
       Mmh!!, Señor yo lo veo muy pálido
       Será mejor que le recete todo el Abecedario

       Consultorio tres

MEMORIA

Doctor, doctor !!
Creo que estoy perdiendo la memoria !!
Señor, ¿Y hace mucho tiempo de eso?
¿De qué?

Consultorio cuatro

PASTILLAS ESPECIALES

Adelante señora pase y tome asiento
Cuénteme, ¿en qué le puedo servir?
Hay Doctor, doctor, me puede recetar unas pastillas para los
nervios y poder dormir, muy a gusto.
Sí, Señora
Doctor, pero que sean anticonceptivas las que me recete
Para mi hija
Oiga, Señora
pero esas no son para los nervios.
Ya lo sé Doctor, pero si viera como duermo tan tranquila.

c) EL HOSPITAL

Al entrar a un Hospital, es posible percibir un buen momento de risa, aun en cada rincón del hospital y como ejemplo encontramos este.

RECEPCIÓN
CLÍNICA ESPECIAL

Oiga, buenas tardes
¿Que tal?,
Buenas tardes, pase !!
Disculpe, ¿aquí es la clínica donde cambian de sexo?
Sí, efectivamente, aquí es.
hay !!, que bueno !!
Oiga, disculpe usted ¿es el Doctor?
No, soy la enfermera.

Esto fue escuchado en la sala de espera de la Clínica Santa   Gracia, esperando turno para entrar con el Dr. Bacilo

VISITA A FAMILIAR

Escuchado un boletín informativo de ayuda social en la radio local, decían lo siguiente:

"Últimas noticias, últimas noticias:

Aquí en Distrito Federal, acabamos de identificar una persona, que ha sido atropellada por un tren, la cual al parecer esta estable y ha sido trasladada al hospital civil más cercano, pedímos a los familiares, que quieran visitarlo podrán hacerlo en la habitación 10-A, 10-B y 10-C, por su cooperación gracias—siendo las últimas noticias por el momento".

Otra de las áreas muy concurridas de hospital, se menciona el departamento de Urgencias, en donde a pesar de lo demandante de actividad, siempre hay tiempo pero hacer el trabajo con algo de humor.

URGENCIAS

TIEMPO DE VIDA

Doctor, dígame por favor !!

¿Me queda mucho tiempo de vida?

10 !!

¿Diez años?

No, 9, 8, 7...

Después de este diagnostico el Doctor acude a ver al próximo paciente de la misma área.

CONFUSIÓN TÉRMICA

Esta el doctor con el paciente y llega una Enfermera muy atenta y dice:

Doctor, doctor. Usted esta escribiendo con el termómetro rectal.

A caray, entonces, ¿dónde habré puesto el termómetro?

ADOLESCENCIA

Haber señor, cuente como fue su juventud

Pues fíjese Doctor, que cuando pasé por la adolescencia, me di unas estiradas !!

Pero, Señor esa es la época de mayor actividad sexual.

¿En serio?, entonces quiere decir que la vida se me fue en las manos.

Dejando de lado los departamentos del hospital, entremos los tratantes del humor, es decir, los curanderos del humor o mejor conocidos como médicos especialistas.

MÉDICOS ESPECIALISTAS

MEDICINA DEL TRABAJO
COMBINACIÓN
      Hola, Doctor
      Adelante pase !!
      Oiga doctor, ¿Qué me puedo poner para mis dientes amarillos?
      Pues una corbata Roja.

PEDIATRIA
EL INTERPRETE
Una Madre preocupada:
      Disculpe, Doctor !!
      Le traigo a mi niño porque es un grosero.
      Muy bien Señora, haber páselo para revisarlo.
      Al entrar el niño al consultorio dice:
      Ní-ñoo – pédí-ata.
      El Doctor asombrado con la respuesta, dice:
      ¿Ya escucho, señora?
      Ya lo vio, su niño es muy listo.
      No doctor, lo que pasa es que usted no entendió
      lo que le dijo fue:
      Me pelas-la-reata !!

CIRUGIA GENERAL
OPERACIÓN
El recién operado paciente a su doctor:
      Dígame, Doctor
      ¿Como salí de la circuncisión?
      Pues, yo creo que bien !!
      Oiga disculpe ¿Y podré casarme?
      Con un hombre !!, yo creo que sí.

      Más pacientes operados

VESÍCULA
Se encuentran dos amigos en la puerta principal del Hospital y le dice uno al
otro:

Hola, ¿Cómo estas?

Pues bien,

Oye, ¿sabias que el mes pasado me operaron de la vesícula?

No lo sabía,

¿ Y qué tal te ha ido?

De la operación bien, pero lo malo fue que me dejaron adentro una esponja

Oye, que mal esta eso!!, oye ¿Y eso duele?

No, no duele nada, pero . . . . . diario me da una sed terrible !!

Consulta con un Cirujano General

CIRUGÍA EXITOSA

El paciente acude con el Doctor Cirujano:

Hola Doctor, fíjese que tengo un problema para poder tener hijos, debido a que he sufrido un accidente.

No se preocupe señor, la medicina ha evolucionado tanto, que ahora podremos resolver ese problema.

Le colocaremos unos testículos artificiales, que serán uno de madera y otro de acero.

Bueno doctor, si usted cree que es lo más correcto, adelante !!

La operación se realiza y es exitosa, por que el paciente sale muy agradecido.

Al año siguiente, el agradecido paciente regresa a saludar a su Doctor.

Doctor, me da mucho gusto saludarlo,

Y por lo tanto, quiero presentarles a mis hijos

Que bueno, señor !!

Oiga y dígame, ¿como se llaman?.

Uno de ello es Robocop y el se llama Pinocho.

Cambio de especialista

GINECOLOGÍA

PRIMERA CONSULTA

Siendo la primera ocasión, que la paciente acude con el doctor, este le dice:

Señora, para saber que problema tiene, tengo que revisarla

así que por favor, quítese la Ropa.

Sí doctor, esta bien.

Doctor, y ¿dónde la pongo?
Aquí, junto a la Mía !!!

Otro caso más

ENFERMEDAD CONTAGIOSA
Entra la señora al consultorio muy apresurada con el Doctor diciéndole:
Hay Doctor, yo tengo una enfermedad muy rara
Haber platíqueme...
Quiero saber, ¿por que al pasar los años los senos se me van hacia arriba?
Es más, mire para que me crea – (quitándose el brassiere).
El Doctor al verla sin brassiere, le responde:
Le creo señora, en verdad le creo, que usted tiene una enfermedad rara y que además de rara es contagiosa, por que a mí se me esta elevando otra cosa.

Parto complicado

OXIGENO
Un Nuevo Padre le dice al Doctor.
Doctor, Dígame, ¿Qué tal el parto de mí mujer?
Todo bien, aunque a su hijo hemos tenido, que ponerle oxigeno
¿Oxigeno??!!
Pues ni modo ya nada podemos hacer y yo que tenia la ilusión, de que se llamara Francisco.

Otra consulta más con Ginecólogo

PASEO
El Doctor le pregunta a su paciente:
Oiga señora, y usted, ¿ya paso por la Menopausia?
Huy, Doctor, ni por Bellas Artes

MEDICINA PREVENTIVA
RECOMENDACIÓN
Un doctor muy profesional en la salud comenta:
Bueno, señora, quiero recomendarle, qué, para que no se vuelva enfermar del estomago.

Tiene que hervir todo lo que se lleve a la boca
Oiga, y no le dolerá mucho, eso a mi marido.

Cambio de especialidad

PSIQUIATRÍA
INICIO DE LA CONSULTA
En el consultorio del reconocido y cortes psiquiatra, la paciente
comenta:
Buenos días, Doctor.
Buenos días Señora,
Haber pásele, y por favor recuéstese en el Diván
Por favor, cuénteme. ¿Cómo fue, que empezó todo?.
Así mismo doctor !!

Otro caso complicado

CASO CANINO
Psiquiatra y paciente en consulta.
Haber señor, y me puede usted decir:
¿Desde cuando usted se siente Perro?
Pues déjeme y le cuento Doctor, pues desde, que era yo un
cachorrito.

Interpretación de sueño

REALIDAD
Paciente con el Psiquiatra
Hola Doctor
Fíjese, que tuve una pesadilla !
Haber, cuénteme !!
Fíjese, que soñé, que estaba casado, y con mi mujer
Y, ¿cual es el problema?
Que eso ya de por sí es una pesadilla !!

Otro paciente desvielado

COCHE

> Doctor
> Le confieso que me siento coche.
> Muy bien, Señor
> Entonces apague el motor, que lo voy a auscultar.

Departamento de la Tercera Edad

GERIATRIA
POTENCIA SEXUAL

Llega el paciente Don Arrugís Martínez al consultorio del Doctor diciendo:

> Doctor, vengo con usted, para decirle:
> Que quiero, que me baje la potencia sexual.
> Pero señor, eso esta muy difícil, por que eso se lleva en la mente.
> Por eso mismo, Doctor !!
> Quiero, que me la baje !!

Un caso de Diagnostico clínico, muy especializado

UROLOGÍA
ORINES DIAGNÓSTICOS

> Buenos días Doctor
> Buenos días Señor, pase
> Doctor, aquí están las muestra de orina que me pidió;
> Porque me han dicho que usted es tan buen Doctor, que con solo ver la orina, puede dar el diagnostico
> Efectivamente señor
> Me permite la muestra por favor.
> Si aquí tiene
> El Doctor toma la muestra y la observa con detenimiento a contra luz, diciendo:
> Muy bien señor, quiero decirle:
> Que usted tiene SIDA
> Pero eso no es posible, le traeré otra muestra mañana y saldremos de dudas.
> El paciente desesperado e incrédulo, toma una muestra de orina de su hija, de su perro, de él mismo y hasta con aceite de su coche, para hacer una mezcla perfecta.

Y al siguiente día, se presenta otra vez con el doctor, diciéndole:

Doctor, aquí esta mí nueva muestra de orina, para que la revise
Muy bien señor, vamos a verla.
De nueva cuenta, el doctor analiza la muestra con detenimiento, diciendo:
Bueno, Señor, efectivamente:
Quiero decirle, que con esta muestra, he llegado a la conclusión siguiente:
Pues, que su hija esta embarazada,
Su perro tiene rabia,
Su coche se va a desvielar y que efectivamente usted tiene SIDA.

Otro caso Clínico

DIAGNOSTICO
El doctor al paciente:
Buenos días Señor, para hacer más certero mi diagnostico, tengo que preguntarle algo:
Dígame, ¿Usted ha orinado piedras?
El paciente, responde:
Sí doctor, he orinado piedras, ... postes, banquetas, etc.

Ahora con el especialista de los órganos y hormonas

ENDOCRINÓLOGO
PACIENTE CON DIABETES
El paciente Diabético con su Doctor:
Doctor, fíjese:
Que cada mañana me levanto, voy al baño, me paro frente al espejo, y al verme me doy asco. ¿De que estaré enfermo?
El doctor responde:
Pues Señor, quiero decirle:
Que su vista esta muy bien !!

Un paciente con sentido del humor

HIGADITO
El médico después de revisar al paciente, dice:
>Sabe, ¿qué?, Señor
>El hígado no me gusta.
>Y el paciente le contesta:
>Sabe, qué Doctor !!!
>A mí tampoco me gusta, me gusta más el mole !!

Diagnóstico esotérico

CANCEROLOGIA
SIGNO ZODIACAL
Un paciente preocupado a su doctor:
>- Doctor, Doctor
>Dígame, por favor ¿Que tengo?
>-Haber déjeme ver, mmmh !!!, ¿cómo le explico?
>Haber contésteme, ¿Que signo zodiacal es usted?
>- Cáncer !!! Doctor
>- Mmmmh !!, mire fíjese, que coincidencia !!!

Un vistazo de humor

OFTALMÓLOGO
El paciente con el Oculista: (especialista en ojos, no en . . .)
>- Doctor, Doctor.
>- Fíjese, que se me juntan las letras.
>Y el Doctor rápidamente le contesta:
>- Pues, hay que pagarlas he!!

CHISTES

DIVINOS

10. CRISTIANOS

ÚLTIMA CENA
Se encuentran todos reunidos en la noche de la última cena, Jesús
comenta:

Hijos míos, en esta noche uno de ustedes me venderá !!
Al momento se crea una gran incertidumbre y uno de los apóstoles
preocupado pregunta:
Señor, yo soy Pedro, ¿acaso seré yo?
No hijo, tú no serás
Creando con esta respuesta más incertidumbre.
Señor, yo soy Juan, ¿acaso seré yo?
No hijo, tú no.
Y así sucesivamente, descartando uno a uno hasta llegar con Judas.
Señor soy Judas, ¿acaso seré yo?
NO, y yo no hablo con Ojetees.

Continuación

CARPINTERO
Después de ser enjuiciado y antes de la crucifixión, cristo pide un   último
deseo ante Pilatos diciendo:
Por favor, dejen, que yo haga mi cruz,
Como bien saben mi padre fue carpintero y conozco el oficio.
Pilatos dice:
Esta bien, que eso sea tu ultimo deseo.
Guardias enciérrenlo en ese taller y mañana a los primeros rayos del
sol, será sacrificado.
Así que toda la noche trabajo
Y se escuchaba Zas-zas- taca-tac- zas-tac ....
y a la mañana siguiente.
El soldado romano toca la puerta y le dice:
Cristo abre la puerta, rápido, ya te llego la hora!
Las puertas se abren de par en par, los soldados romanos lo ven y
dicen: Hay mira nada mas, que chingón me saliste. De triplay y con
rueditas

Existen personajes que tiene cierta inspiración divina, que culmina en el
humor, como ejemplo.

ACLARACIÓN

En una ocasión un buen cristiano se encuentra con Dios y le cuestiona:

Dios, explícame:

¿Por qué hiciste a la mujer tan Bella?

Dios responde:

Para que te fijaras en ella!

Pero, Dios

¿Por qué la hiciste tan tonta?.

Dios responde:

Pues, muy sencillo

Para que se fijara en Ti.

En momentos críticos, existe el acercamiento a Dios y al humor, teniendo sus maneras extrañas de trabajar.

OPERACIÓN

Un cristiano gravemente herido, sale de la operación en la camilla por el pasillo del hospital y le pregunta al hombre, que va a un lado:

Doctor, doctor,

Dígame: ¿como salí de la operación?

Hay Hijo Mio.

Ni soy, Doctor, y ni vas saliendo !!

Soy San Pedro y vas entrando.

El asistente incondicional, haciendo su exigente trabajo.

TORERO CELESTIAL

Siendo un día habitual de trabajo en el cielo, San Pedro resguardando la puerta principal, pregunta a un Torero Español, que va llegando:

Hijo, ¿de qué has muerto?

Yo jolines pues por un cogida

Al escuchar esto San Pedro se enoja muchísimo gritando:

Mándelo con los putos !!

El recién llegado preocupado le responde:

Pero San Pedro, es qué fue de toro.

Entonces mándelo con los depravados !!!

Ahora cambiaremos un poco el tema.

REGALO PAPAL
¿Qué le regalo Batman al Papa?
Pues el Bati-cano.

Y . . . . .

ZAPATOS CRISTIANOS
¿Cómo se llaman los zapatos del PAPA?
Pues "Papos".

En una viaje de tantos . . .

VUELO PAPAL
Como íbamos mencionando en una de tantos viajes en el Papa-Jet y de
regreso al Vaticano:
A el Gran Papa Benedicto XVI, le ofrece su asistente en el avión, algo
de beber, diciendo:
Papa Benedicto, ¿gusta usted una copita del coñac para el viaje?
No !!, muchas gracias y menos estando tan cerca de la oficina del jefe.

Sucedió en un Convento de Monjas, cerca de la ciudad.

CONSAGRACIÓN
Se encontraba la Monjita Alegría, dándose golpes en el pecho durante plena
Consagración diciendo:
Señor, yo me ofrezco !!
Señor, yo me ofrezco !!
Cuando en ese momento pasaba por ahí
la Monjita Arco iris y al escuchar esta palabras
Y le dice:
Pues, yo no puedo !!
Contestando la Monjita Alegría:
¿Por qué Hermana?
Pues, por que yo hago turbio y calientito.

Meses más tarde en el mismo convento de Monjas

ALMAS PERDIDAS

Dos delincuentes en el Convento de Monjas, entran, y deciden en ese mismo momento violar a todas las religiosas.

Así, que minutos más tarde, y en pleno acto sexual, una de las religiosas exclama a gritos:

Dios Mío. . . . Dios Mío . . . . Perdónalos, porque no saben lo que hacen !!

Y su hermana religiosa, que estaba a un lado y también siendo ultrajada

Le grita:

Pues será el tuyo, por que el mío es un experto.

Un bombardeo de cristianismo

INGENIERÍA CRISTIANA

¿Por qué las puertas de las Iglesias son tan Altas?

Pues para, que entre el Altísimo.

ARQUITECTURA CRISTIANA

Y, ¿Por qué están poniendo bacinicas enfrente de la Iglesias?

Pues para recibir la Gracia del Señor.

PRIMEROS AUXILIOS CRISTIANOS

¿En qué se parece un templo católico y un botiquín de primeros auxilios? Pues en qué, los dos templos, tienen curitas.

COMPETENCIA CRISTIANA

Se encuentran dos amigos

Y uno le comenta al otro:

Déjeme y le cuento compadre:

Que ayer, le hice el amor a mi mujer tan bien, pero tan bien, que hasta el crucifijo, que esta encima de la cama, hasta se puso a aplaudir.

Mmhhh !! compadre !!!

Eso no es nada.

Cuando yo le hago el amor a la mía, lo hago tan bien, pero tan bien, que el cuadro de la Ultima Cena, que tenemos en la recamara, hasta hace la Ola.

HUEVOS SANTOS

En una ocasión Chuchito, (que se dedicaba al comercio ambulante). Salió, como todos los días a la vendimia Pero en ese día las ventas no andaban muy buena que digamos, y en su desesperación, ve una Iglesia repleta de gente, por que iba a empezar la misa y piensa:

Ahorita, que esta llena la Iglesia, si entro, si voy a vender todo lo que traigo. Entra y empieza a gritar a todo pulmón al empezar la misa:

Huevos !!, huevos !!!, vendo Huevos !!!

Mientras el Padre daba el sermón.

Chuchito seguía gritando:

Huevos !!!, huevos !!!, vendo Huevos !!!

El padre se enoja por interrumpir la misa, y le grita:

Haber, saquen a ese niño de los Huevos !!

Y Chuchito rápidamente le contesta:

No Padre, por favor, no padre, mejor de las orejas.

CHISTES

DE

EXPORTACIÓN

11. INTERNACIONALES

El buen sentido del humor no es exclusivo de un país, o de un grupo o clase social, por que en todos se cuecen habas, es decir, que es algo común para todos y en cada lugar tienen sus chistes y típico sentido del humor y para muestra un botón.

Para todos aquellos, que vayan a realizar un viaje al extranjero, a continuación les muestro un vocabulario básico, que los puede auxiliar dependiendo al país que vayan y que deben de tomar muy en cuenta:

a) VOCABULARIO

Para decir en:

a. Argentino – hermoso : Yo
b. Italiano – Supositorio: Meticuloso
c. Hebreo - minifalda: T´ la ví.
d. Árabe - mini falda: Kasí t´ la ví.
e. Japonés - Anciana :Ta cho-chita.
f. Japonés – enana : Ta chi-kita.
g. Ingles – hermana: Prestas.
h. Ingles – Suegra: Halloween
i. Ingles – Suegro: Kool aid
j. Ingles – Plátano: Kiss me.
k. Alemán – están haciendo el amor: Kamas-Krüger.

Esperando que les haya sido de utilidad.

Pero el humor rebasa fronteras y es tan universal, que organizaciones de gran magnitud, realizan su trabajo pero con gran sentido del humor.

La ONU (Organización de las Naciones Unidas), acaba de finalizar la encuesta más grande de su historia.

Realizando la siguiente pregunta:
"Por favor diga honestamente: ¿Qué opina de la escasez de alimentos en el resto del mundo?".

Y después de un extenso trabajo de equipo y concentración de la información recolectada, se obtuvo los siguientes resultados, los cuales no han podido ser más desalentadores.

1.   Los Europeos, no entendieron lo que significaba:
"escasez"

2.   Los Africanos, en General, no sabían a que se le llamaba
"Alimentos"

3.   Los Argentinos, por su parte, no entendieron lo que significaba decir:
"por favor".

4.   Los Gringos, preguntaban con desesperación lo que significa:
"el resto del mundo

5.   Los Cubanos exigían, que les explicaran lo que significaba:
"que opina"

6.   Y en México el Congreso hasta hoy sigue debatiendo sobre que quiere decir:
"Honestamente".

En fin, que podemos decir, este comentario no tiene comentario.

Continuando con el humor   internacional, existen ocasiones en que algunas noticias de importantes internacionales, se prestan para dar un sentido del humor.

b) NOTICIERO

NOTI-JAPON PARA EL MUNDO
(Traducción de Radio Japón al Español)

Buenos Días, queridos Radioescuchas,

Ahora presentaremos una noticia de lo más novedoso en tecnología de Japón para el mundo.

"En Japón se acaba de inventar un aparato para atrapar ladrones en el menor tiempo posible"

El cual ya se ha puesto en práctica, mostrando resultados sobresalientes, por ejemplo:

En Japón en tan solo en una hora atraparon a 100

En Alemania en 45 minutos atraparon a 80.

Es tan sorprendente, que en España en tan solo 30 minutos atraparon a 50.

Y ahora lo han traído a México, para usarlo en el barrio de tepito y en menos de 5 minutos..... se lo han robado !!!

NOTI-JAPÓN
>Noticia de última hora.
>El Ministerio de Salud reporta:
>"Ahora en Japón las mujeres ya no van a quedar en cinta".
>Van a quedar en CD.

>**A continuación, una noticia desde Alemania**

NOTI-ALEMANIA
Boletín de última hora en Radio Berlín:
>Esta noticia a consternado a la nación Alemana.
>Donde, un Gemelo se quizo suicidar, pero por error Mató a su hermano.

Continuando con noticias internacionales, pasemos ahora a la ciudad de Chicago en Estados Unidos

NOTI-CHICAGO
Reportando desde la bella ciudad de Chicago, para todos los radioescuchas. Presentamos la noticia más actual en la ciudad:
>Avisamos, que el Frío en este momento es insoportable y la TOS ya cobro otra víctima más
>"Por que un Individuo tosió en el closet, y el marido celoso. . . . . lo cacho y lo Mato." Bueno, esto es todo por el momento.
>Y recuerden, que seguiremos informando lo más relevante del día.

Noticias de última hora

NOTI-DEFEÑOS
>Según las estadísticas, en el D.F. (Distrito Federal), una persona es atropellada cada cinco minutos !!
>El saber esto, solo nos queda decir: "Pobrecita persona".

NOTI-GALICIA PARA EL MUNDO
>Con el reporte de último momento, nos informan, que:
>Los Gallegos de Galicia España, colaboraran en la Guerra de Irak,
>Y han mandado un submarino con 400 paracaidistas.

Ahora pasando a otras noticias

En París, se ha suscitado un asalto, y nos reporta nuestro enviado especial, que tuvo una entrevista con el inspector de la policía.

ASALTO GALLEGO
> Díganos Inspector, que tiene que decir de este acontecimiento:
> Pues efectivamente, si hubo un asalto a la bóveda de este Banco,
> Y nuestros peritos no encuentran evidencias claras de quien pudo haber sido.
> En eso van entrando a la escena del crimen unos policías y dicen:
> Inspector fueron los Gallegos
> Y, ¿por que dicen eso?
> Por que solo ellos hacen un hoyo en la pared para entrar y otro para salir
>
> Y una de las hipótesis, del asalto.
>
> Es que entro él Gallego al Banco con un Gato en los brazos.
> Gritando:
> Escuchen todos !!
> Este es un asalto, arriba las manos o jalo del Gatillo.

En la escena del crimen se encontró el siguiente anónimo, suponemos que era el de su siguiente crimen.

ANÓNIMO TERRORISTA:
> "Algún día te llevare a la cama, te haré sudar, jadear por la boca, tu flujo aumentara, y cuando penetre en ti, vas a lagrimear.
> Atte. La Gripa.

A continuación seguiremos con unas de las secciones para gente intelectual

RADIO TRIVIA
A todos los radioescuchas con aires de intelectuales, respondan a esta pregunta y se ganaran un premio.

¿Cómo metes a 50 niños de Somalia en un Vocho?
Ring – ring –ring (telefono sonando)

Hola amigo, y cuéntame
¿té sabes la respuesta?
Sí
Muy bien, y ¿cuál es?
Pues avientas un bolillo adentro del bocho y todos se meten.

Perfectamente bien contestado !!!

Y la última pregunta de la trivia de hoy es:

¿Cómo sacas a esos 50 niños del vocho?

Pues, muy fácil
Les enseñas el frasco de mermelada.
Muy bien amigo, no me cuelgues para tomar tus datos y darte tu premio - de naranja.

Gracias por participar, y hasta la próxima

Dejando las noticias a un lado y encontrando a extranjeros viviendo en nuestro país

Se encuentran dos amigos en la fila del banco.

AMOR CUBANO
Hola, compadre me da gusto verlo
A mi también compadre.
Oiga, compadre, y ¿como le fue en su último viaje a Cuba?
Pues, muy bien.
Y cuénteme, ¿que cosas interesantes aprendió?
Pues, llegue a la conclusión de que lo mejor del mundo es hacer el amor con una Cubana
Y, ¿por qué?
Pues, por que siempre dicen:
"Oye chico, pero que cosa más grande".

ALEMÁN GALÁN

Estaban unas comadres-amigas en una fiesta, muy entonadas por haber tomado un poquito de alcohol.

Una de ellas le dice a la otra:

Oiga comadre,

Usted se acuerda,

¿Cuál es el Alemán, que nos trae locas?

Pues, creo que es: Al-zhe-imer.

Continuemos con unos Argentinos:

VACACIONES

En un concurrido restaurante de la ciudad, un argentino estaba platicando sus últimas vacaciones a su compadre:

Oye che, y dime:

¿Como te fue en tus vacaciones?,

Muy bien !!, Che.

Oye che, y dime:

¿En que hotel te hospedaste?

Pues en el hotel de Mickey Mouse

Oye, ¿y?.

¿Cual es ese?, Che

Uno que se llama el She-raton.

Y eso, que se dice:

Que hasta en las mejores familias sucede, parece que esto si se da en todo el mundo.

He aquí un claro ejemplo:

MEDITACIÓN

Un Argentino con su madre.

Escuche madre !!

Que le digo:

"que me quiero casar"

Hay hijo:

Solo le puedo decir: "Medítelo" !!

Es que ya me aprieta.

Hablar de internacionalidad, no solo corresponde a muchos países sino, también a los muchos grupos de raza que existen dentro de ellos, y para cada cual tiene su distintivo.

Continuemos con los personajes de Arabia Saudita.

c) ÁRABES

GRAN COMPRADOR
Dos compadres árabes en una de las paradisíacas playas de Cancún, descansando y tomando el sol y eso uno de ellos dice:
"Harbano, harbano !!
Vámonos, vámonos !!
Pero, ¿por qué?
Que no ve que la marea esta subiendo!!
No compadre, mejor:
"Compra, compra".

Horas más tarde, los mismos compadres descansando y sin nada que hacer.

PREGUNTA OCIOSA
Uno le dice al otro:
Oye Harbano
Usted sabe:
¿Cómo se dice Sexo oral en Árabe?
Mmhh, no sé
¿Cómo se dice?
Pues se dice:
Alabaj Mamad.

Ya en la tarde y más en confianza.

INVERSIÓN
Los dos compadres Árabes en un restaurante y uno le dice al otro:
Harbano, fíjese, que tengo que confesarle algo.
Haber compadre,
Dígame, ¿que es?
Pues, que tengo un hijo invertido !!

Oiga compadre:
Y, ¿a qué interés?.

Pues como hemos venido diciendo, el humor es internacional y no tiene diferencia de colores de raza, así que damos otro ejemplo de la gente de color serio.

d) NEGROS CUCURUMBES

Dos amigos platicando en una fiestecilla.

AMIGO PARADOJA

    Oiga compadre,
    Fíjese, que tengo un amigo, que es toda una paradoja
    Y, ¿por qué?, dices eso:
    Pues, por que es un Negro, y cuando toma, es al-vino.

    Muy bueno compadre.

CULTURA NAVIDEÑA

    Compadre, y usted sabe:
    ¿Por qué uno de los Tres Reyes Mayos era negro?
    NO, no sé !!
    Pues, por que alguien tenía que cargar los juguetes.

    Pues también muy bueno.
    Haber, compadre, si es cierto que usted es muy sabiondo.
    Pues, usted dirá compadre.

NACIMIENTO

    Haber, contésteme:
    ¿Cómo reconoces a un Negro y un Blanco al nacer?
    Hijole, compadre, esa si esta difícil
    Pues, no sé
    Pues es que el Blanco nace con cordón umbilical y el Negro con cadena.

    Ándele compadre
    Entonces haber usted contésteme esta:

RECONOCIMIENTO

Échele, venga la pregunta:

¿Cómo reconoces a Negro y un Blanco en un burdel?

Hijole, compadre, también esta muy difícil

Pues, tampoco sé

Pues en que el Blanco entra a divertirse y el Negro entra por sus hermanas.

Bueno, bueno, compadre

Ya hablando de cosas más serias.

Fíjese, que en una ocasión nació un niño tan negro, pero tan negro, que en lugar de acta de nacimiento,

Tenia petrobono.

Ándele, compadre, no sea llevadito.

e) GALLEGOS

Gallegos. Estos personajes residentes de la ciudad de Galicia España, (la madre tierra), tiene una forma muy peculiar de ver al mundo, de percibir e interpretar esas manifestaciones muy a su manera, y que de igual manera les produce bastante gracia, siendo por eso su participación en esta sección del humor internacional, por que su humor a brincado fronteras.

Así que por esa característica nata, nos lleva a querer conocer más sobre su manera de ver el mundo y a continuación citaremos unos ejemplos de sus diferentes facetas:

Aquí la percepción internacional que se tiene de ellos.

PERCEPCIÓN

¿Por qué están de moda los chistes de Gallegos?

Pues porque Pepito se fue de vacaciones

Y, ¿Por qué hay tantos chistes de Argentinos?

Por que ya se acabaron a los Gallegos.

Ahora la percepción que tienen en la infraestructura de sus ciudades.

CIUDADES

¿Por qué quitaron los anuncios de Marlboro en Galicia?
Por que la gente compraba caballos en lugar de cigarros.

¿Por qué están haciendo las escuelas los Gallegos en el fondo del mar?
Porque en el fondo,
No son tan . . . . . lentos.

Se dan a notar aún cuando van a los estadios.

DEPORTES

¿Cómo identificas un Gallego en un estadio?
Pues, por que es el único, que lleva Chaleco Salvavidas por si hacen la Ola.

Características esenciales que utilizan los arquitectos gallegos

CASAS

¿Porqué las casas de los Gallegos tienen las ventanas redondas?
Para que entre mejor el Sol.

¿Por qué los Gallegos ven la Televisión en la azotea de sus casas?
Para ver mejor el Canal de las Estrellas.

Tiene unas costumbres muy tradicionalistas de su país.

COSTUMBRES

¿Por qué los Gallegos cuando toman leche usan Curitas?
Por si esta cortada.

¿Por qué los Gallegos colocan dulces debajo de la almohada?
Para tener Dulces Sueños.

Hasta en sus actividades laborales, tiene su peculiar forma de humor.

TRABAJO

¿Cómo sabes, que un Gallego utilizo una computadora?
Por que encuentras líquido corrector en el monitor

¿Cuántos Gallegos se necesitan para cambiar un foco de una casa?
R: Se necesitan 100, 1 que agarre el foco y 99, que le den vuelta a toda la casa.

Y como siempre no podía faltar, que aun en fiestas internacionales, dan a conocer su manera única del humor.

HALLOWEEN

Trívia:
¿Que hace un Gallego disfrazado de drácula, en un tractor y transitando por la avenida principal del centro de la ciudad?
R: Pues sembrando el Pánico.

CARGAMENTO

Dos compadres Gallegos cotorreando:

Oye Pepe Toño !!, fíjate, que estoy muy enojado con Venancio,
Pero, ¿por qué?
Por que el otro día, lo mandaron a Colombia por un cargamento de Coca
Y no la trajo
Trajo Pepsi.

Y hasta en los trabajos más difíciles, logran agregarle su pizca de humor.

TORERO

Un Gallego Torero, entra al ruedo muy orgulloso y empieza a hacer su actuación en la gran plaza de toros, pero en esta ocasión le fue muy mal, con una buenas revolcadas y al terminar su rutina.

Su amigo le dice:
Oye Pepetoño, Jolines !!
Te digo, que con esa corrida hasta parece,
que te a cogido el toro !!
Calla plebeyo, que solo eso me ha faltado.

Es tan asombroso el típico sentido del humor, que han logrado crear el colmo de los colmos.

COLMOS

En una ocasión estaba Venancio en un velorio.
Y en un momento muy inoportuno y sin poder aguantar más, le surge una flatulencia,
Pero es tal su ingenio, que mejor le echo la culpa al muerto.

Desde su infancia, es decir, desde lacayos o niños, nacen con el gen único del humor típico Gallego.

Esto sucedió en una casa de la zona centro de la ciudad.

TRAVOLTA

Un niño gallego (no se dice nombre, para no herir sentimientos)
Llega corriendo con su Mamá muy afligido y casi llorando.
Mamá, mamá.
¿Que pasa hijo?
Quiero que me cambies de escuela
Pero, ¿por qué?
Por que todos los niños de la escuela me dicen:
El Travolta
Pero, ¿Quiénes?
- Ese, ese, ese, ese.

Hasta cuando salen de vacaciones, los Gallegos demuestran su forma humorística de ser.

TOUR PARISINO

En una ocasión dos compadres Gallegos realizan un tour por el centro de la ciudad de París.
Iban en un clásico camión rojo de dos pisos, viajando en la planta alta para ver mejor la ciudad.
Arranca el camión iniciando el recorrido
Después de un rato
Uno de ellos estaba muy espantado, sudando, y muy aferrado al asiento delantero

Su compadre lo ve y le dice:
- Jolines, no os preocupéis, que abajo viene el chofer
Sí, compadre,
Pero aquí arriba, ¿quien maneja?.

Después de que se acabó el recorrido, y más tranquilo, bajan del camión

CELULAR NUEVO

Le timbra el celular a Venancio.
Lo levanta y se lo coloca en la oreja y no contesta, es decir, se queda   mudo, que es lo mismo, no dice ni un palabra
Y del otro lado de la línea se escucha:
- Bueno, bueno,
- Bueno, Venancio, ¿Pero, por que no dices nada?
Ha, por que tu no sabes que él que habla paga !!

Ya que se acabo el tour por París, deciden tomar otro tour, algo exótico y de peligro, así que deciden ahora viajar por las tierras del misterio

MEDIO ORIENTE

Durante la travesía en el Tren del Medio Oriente, viajan Venancio y su compadre Pepetoño, y que por mala suerte, como siempre les dieron los asientos separados en diferentes filas.
Mas tarde sube un pasajero muy misterioso y se sienta a un lado de Venancio y este preocupado le pregunta al recién llegado extraño:
- Bueno, y, ¿quien sos vos?
Yo?
Yo soy Bond,
James Bond, y ¿Tú?
- Bueno, Jolines
- Pues, Yo !!
- Yo soy, Nancio, Venancio.

Horas más tarde
En el otro asiento junto a Pepetoño, se acomoda otro nuevo extraño, y por lo tanto, Pepetoño trata de hacer ameno el viaje, y le saca tema de conversación.

SOBRENOMBRE
Así que Pepetoño saca tema de conversación diciéndole:
- Hola.
- Oye
- Y, ¿Cómo decis, que te llamas tu?
Yo?
Yo me llamo Casiano.
- Uff, Jolines !!
- Sabes, yo creo, que mejor te hubieran puesto:
- Culito.

Al haber terminado el viaje por el Medio Oriente, deciden tomar un nuevo rumbo, así que toman el primer barco a América

CONQUISTA DEL D.F.
Los dos compadres Gallegos llegan al puerto de Veracruz.
Dice Venancio:
- Oye Pepetoño
- Ahora, que hemos llegado a América conquistemos el D.F. si Colón pudo también nosotros.
Tienes razón compadre, vamos !!
Por lo que empiezan a caminar sobre una vía, que estaba en frente   de ellos....
....Después de caminar unas ocho horas Venancio dice en voz alta:
- Jajaja, si que son tontos estos mexicanos !!
- Que yo no sé por que hicieron una escalera tan grande para llegar al D.F.
Y le contesta Pepetoño:
jajaja, pues tienes razón compadre y todavía para colmo le hacen un barandal tan chiquito.

Después de intentar conquistar el D.F. y no lográndolo, tomaron ahora un viaje a al ciudad mística de Guanajuato.

TOUR POR GUANAJUATO
Llegaron los Gallegos a Guanajuato en pleno Festival Cervantino
Iba Venancio paseando por el jardín principal de la ciudad y se encuentra, a un ventrílocuo haciendo su espectáculo con un changuito:

El changuito lo insulta y se burla de Venancio

El Venancio muy enojado, se acerca al Changuito y le reclama por haberlo insultado

El Ventrilocuo, apenado le empieza a pedir disculpas a Venancio:

Señor, por favor le pido disculpas por las palabras de mi amigo hacia su persona.

Así que Venancio muy enojado le responde:

- Y tu, ¿Por qué te metes?

- ¿Quién te esta hablando a ti?

- Si yo le estoy hablando al changuito !!

Mientras esto sucedía, Pepetoño siente las ganas de acudir al sanitario, y acude al más cercano.

RECUERDITO

Pepetoño, para presumir y verse más galán andaba vestido con cadenas y demás alhajas de oro, que había traído de España.

Entra al baño público corriendo por la urgencia, y se pone en posición frente al mingitorio, y estaba un anuncio en la pared que decía:

"Al terminar, tire la cadena"

Al leer esto Pepetoño dice muy enojado:

- Jolines, jolines, pero si es el ultimo recuerdo de la abuela

Por el recorrido de la ciudad, Venancio y Pepetoño, se encuentra a una amiga de la infancia, Fernanda.

COMPRA ESPECIAL

- Hola, Fernanda, que gusto verte !!

- Y, cuéntame, ¿como has estado?

Pues, yo muy bien

- Y, ¿que haces por acá?

Pues de vacaciones.

Oye Venancio, te puedo pedir un favor

- Claro que si, ¿que deseas?

Me puedes comprar unas cosas, que necesito en la farmacia mientras yo compro otras a aquí

- Claro.

Así que llega Venancio a la farmacia:

- Hola tío, por favor me das unos tampax
No Señor, yo creo, que ha de ser un kotex
- Caray, con razón es difícil.

Después de haber conocido la ciudad de Guanajuato, los tres amigos continúan su viaje pero ahora hacia el norte de México

OPCIONES

Iban los tres Gallegos en un coche pasando por el desierto de Sonora, y que les sucede una de las posibilidades más comunes, es decir, se les descompone el carro en el que iban, se bajan para revisar el vehículo y después de un rato Pepetoño dice:

- Jolines, pues ni modo !!
- Ahora tendremos, que ir caminando hasta encontrar ayuda, así que tomen algo que sirva del coche para el viaje.
Así cada uno toma una cosa del vehículo y uno toma uno de los asientos del coche, otro el radiador y el ultimo la puerta.
Y pregunta Venancio a Pepetoño:
- Oye, ¿por que llevas eso?, Pepetoño
Yo Tío,
Llevo el asiento, porque si me canso ahí me siento.
- Y tu Fernanda, ¿Por qué llevas eso?
Yo llevo el radiador, por que si me da sed, de ahí tomo agua.
- Jolines, en ese caso, yo me llevo la puerta del coche
- Por que si me da calor, solamente bajo el vidrio.

Después de haber conocido casi toda la república Mexicana, es decir, norte, centro, sur y alguna que otra playita de ensueño, dan por terminado su viaje los tres amigos Gallegos y regresan a España.

LÓGICA MARINA

Ya de regreso en la España estaba Venancio en Galicia, tomando   un cafecito en la placita principal
Y ahí se encuentran Venancio y Manolo:
Y Manolo le pregunta a Venancio:
- Oye Venancio, ¿qué te has hecho, en todo este tiempo?
Pues, estuve viajando por México
Y, ¿tú?, ¿qué te has hecho?

- Pues yo tío, he estado estudiando Lógica
¿Lógica?, pero, ¿Qué es eso?
- Muy sencillo Venancio, mira:
- ¿Tú tienes pecera?
Claro hombre !!
- Entonces, si tiene una pecera, me imagino que te ha de gustar el mar
Claro hombre !!
- Así que por Lógica, deduzco, que como tienes una pecera y te gusta el mar, por lo tanto, te gustan las mujeres y sobre todo en bikini
Claro Tío, que has tenido toda la razón !!
Jollines !!, que me has sorprendido !!
- Pues así es, la Lógica.
Ta´ bueno tío, que me retiro
- Muy bien Venancio nos vemos luego.
Más tarde Venancio se encuentra a Pepetoño y le dice:
Oye tío, que acabo de aprender algo nuevo y se llama Lógica
Y, ¿Qué es eso?
Pues muy sencillo tío, por ejemplo:
¿Tú tienes pecera?
No !!
Ah, entonces eres Puto.

Se despidieron y cada quien para su casa
Días más adelante Pepetoño invita a Venancio para ver un partido

BÉISBOL DOLOROSO

Pues efectivamente, era la primera ocasión en que acudía Venancio a un partido de béisbol y la primera ves que lo conocía.
Muy atento observaba todo lo que se realizaba en el campo, y mas tarde nota algo que le llama la atención y le pregunta a Pepetoño:
- Oye Pepetoño
Si Venancio, ¿dime?
- Y ese tío ¿por que camina y no corre como los otros?.
Ha pues por que ya tiene 4 bolas
Al escuchar esto Venancio pone cara de asombro y dice:
- Hay pobrecito !!
Ya que se concluyo el partido, ambos se despiden y quedan pendientes de volver a salir a divertirse.

Venancio en el camino de regreso a casa, pasa por una zona especial de un matiz color rojo, osease, la zona de riesgo de la ciudad.

TARIFA

Así que Venancio se encuentra en el camino ante una mujer de la vida galante, y por pura casualidad le pregunta:
- Oye guapa,
Dime galán ii
- Y ¿cuanto cuesta?
Pues es según el tiempo
Asombrado Venancio de la respuesta, exclama:
- Y si esta lloviendo ii.

Pero este humor tan divertido, no es típico de los personajes mencionados, sino como ya se ha dicho es típico de esos residentes, tal es el grado que hasta en situaciones extremas,   demuestran su forma peculiar de ver al mundo

NAUFRAGOS Y SIRENA

Después de un terrible accidente aéreo sobrevivieron dos náufragos Gallegos en una isla desierta perdida en algún mapa.
En ocasión uno de ellos estaba pescando para tener que comer ese día Pero de repente saca una sirena del mar, emocionado la carga en sus brazos, la ve de cabeza a los pies en varias ocasiones y la tira al mar otra vez.
Su compañero indignado al ver esto le dice:
- Pero, ¿por qué?.
Y le responden:
- Y, ¿por donde? !!!

Otro caso muy particular, de náufragos.

NAUFRAGO HÉROE

En otra isla desierta habita (que no es el diminutivo de Haba), un gallego náufrago, un perro y una chiva. Que ya tenían meses allí viviendo.

Un día en sus rondines por la isla, el naufrago ve a una mujer
ahogándose, de pronto se lanza al mar y la rescata.
La reanima, y así salvándole la vida
Y decide llevarla a su campamento para que se mejore.
La mujer horas mas tarde despierta muy agradecida, lo ve con ojos
pispiretos y le dice:
- Mi héroe, por favor !!, pídeme lo que quieras !!
El naufrago sorprendido, le dice:
Lo que yo quiera !!
La agradecida mujer, dice:
- Sí !!, pídemelo !!
Ok, entonces pues.... agarrame al perro !!

CHISTES

DE

MATRIMONIOS

12. MATRIMONIOS

Ahora entraremos a otra sección la cual es dinamita, es una etapa de la vida, la cual es muy difícil pero a la vez interesante, y que en cada momento se puede tener un derrochen de humor y una buena sonrisa.
Y se dice, que es tan difícil, que el primer año de estar juntos se pasa como cinco minutos ..... pero bajo el agua.
Todo inicia con una peculiar pareja, desde su noviazgo y cada momento ocurrente.

Es la historia de Rosendo y Estela, alias Chendo y Tela

CONDUCTOR DESIGNADO
Va la feliz pareja de novios en el carro y el novio le dice a su novia:
    Mi Amor jugamos al:
    "Conductor Designado"
    Y la novia le contesta:
    - Sí, mi amor
    - ¿Pero?, ¿como se juega eso?
    Muy fácil, mi vida:
    - Yo manejo y tú chupas.

Unos días más adelante Chendo a Tela

RECLAMO
En una de las tantas noches, que se veían, Chendo le reclama a Tela diciéndole:
    - Oye mi amor.
    Sí !!, dime mi vida.
    - Oye, yo te pedí la prueba de amor, pero no la de Fertilidad.

Pues como esto no se lo esperaban, pues que se casan Chendo y Tela

PRUEBA DE AMOR
Y este par de tortolitos se fueron de vacaciones a las playas de Acapulco. En una soleada tarde, los recién casados se fueron a pasear y conocer la hermosa vista de la Quebrada de Acapulco Beach.

En ese lugar, románticamente Tela le dice a Chendo:
- "Mi amor, que bonito lugar y tan romántico"
- Dime, si me aventara desde aquí
- ¿me salvarías?
Si, te digo que Sí,
¿Te aventarías?

Después de pasear, regresaron al hotel ya en la tarde entrando la noche, para descansar

PROMESA
Como sabemos, era la primera noche juntos de los recién casados y   después de un rato, Chendo dice a su amada:
- Ahora sí mi Amor, te voy hacer lo que nunca te han hecho !!!
Ha, entonces me vas a pagar.
Upsss

Minutos más tarde

Y te voy a hacer el amor como nunca te la han hecho !!!
- Nnoooo !!, mi amor
Por favor.
- Por las orejas, Nooo !!

POSICIONES
Siguiendo con la candente luna de miel los recién casados experimentaban mucho, y en pleno momento de la mayor emoción.
Tela le dice a Chendo:
- No! ,no!, depatito!, depatito!
Chendo, acepta y cambia de posición.
Y a los pocos minutos....
Tela dice:
- No!, No!, depatito, depatito!
Y vuelen a cambiar de posición.
Y otra vez Tela dice:
- No!, No!, Depatito, depatito!
Después de tanto Chendo muy enojado le grita:
Bueno, Tela, ya estuvo bien.

Y, ¿Cómo fregados es depatito?
- Ah, es que es depatito, porque me duele.

Ya cuando regresaron de su viaje, e inicia su vida marital con todas las de la ley, en un clásico domingo de descanso

AMOR A PRIMERA VISTA
Tela la dueña del hogar
Le pregunta a su esposo en tono romántico:
- Mi amor,
- ¿Tú crees en el Amor a primera vista?
Y le contesta Chendo:
- Claro que sí !!
Porque si te hubiera visto dos veces,
La verdad, no me caso contigo !!!

Continuando con el domingo de descanso

SERVICIO
Chendo se encontraba viendo un partido de fútbol soccer, el clásico de clásicos, muy emocionado y con cerveza en mano, y en eso Tela le pregunta:
- Chendo, mi amor
- ¿Te sirvo?
Y que le responden:
- Pues a veces !!!

Ya que se había acabado el partido de fútbol

PASEO
Tela la señora de la casa, le dice al fodongo de su esposo Chendo:
- Mi amor, mi amor
- Por favor
- Sácame al zoológico
Y le contesta Chendo:
- No, no, no, nada de eso !!
El que te quiera ver, pues que venga a la casa.

Pues queriendo y no queriendo, salen un rato a dar una vuelta a alameda de la ciudad.

LAVADORA

Iban caminando y pasando frente a una tienda de deportes, Tela muy emocionada al ver algo, que le agrado le dice a Chendo:

- Mi Amor, mi Amor,

- Por favor, cómprame ese traje de baño !!

No !!,

Por que tienes cuerpo de lavadora.

Horas más tarde y ya en su casa, Chendo empieza a ponerse romántico y querendón y le dice a su lavadora:

Mi Amor, Telita

¿Qué te parece si nos ponemos a echar a andar esa lavadora?

Y Tela le contesta:

- Mmmh, Mi amor.

- Pues para ese trapito, mejor lávalo a mano !!

Al siguiente día, un San Lunes en la mañana.

PAL´ GASTO

Iba saliendo Chendo a trabajar muy de prisa, como de costumbre por que se le hacia tarde. Y de repente Tela se da cuenta que no le había dejado dinero para el gasto del día, y le grita desde la ventana:

- Oye, Chendo

- No me dejaste dinero !!

Chendo, desde arriba del carro el marido le grita:

- Ahí coges !!

Y le contesta Tela:

- Y, ¿cuanto cobro? !!

- Del buró, no te hagas indendeja ... !!

Horas más tarde y regresando de trabajar

ENGAÑO

Llega Chendo a su casa muy enojado reclamándole a su mujer:

- Oye, me dicen, en el trabajo

- ¿Qué me engañas con un Judicial? !!

- Negativo pareja !!

Después de este pequeño inconveniente. Chendo busca su reconciliación y va por unos Mariachis, pa´ llevarle gallo a Tela.

MARIACHIS
Afuera de la casa y frente a la gran ventana de la casa, estaba muy puesto Chendo, con su pose de macho galán y le grita con todas sus fuerzas:
- Tela mi amor, Tela mi amor.
Al escuchar esto Tela sale de prisa al balcón.
- Mi amor, dime:
- ¿Cuál quieres?
Se queda pensativa Tela y le contesta:
- Al de la trompeta y los demás córremelos.

En otra ocasión la pareja Chendo y Tela salen de su casa y paran un taxi

VALOR
Chendo para al taxi y le pregunta al conductor del mismo:
- Señor
- ¿Cuánto me cobra por llevarme a la central camionera?
$ 80.00 pesos.
- Y, ¿con ella?
Pues lo mismo.
- Ya viste Estelita, no vales nada !!
Otra de las historias dentro del matrimonio de Estelita y Chendo

FAMILIARES
Este era uno de los viajes que realizo la pareja, por el Desierto de Sonora e iban aburridísimos en el carro, ya llevando tres horas de camino, a la pareja se le atraviesan un par de burros y como siempre, la esposa muy elocuente le dice a su adorado esposo:
- ¿Qué? !!
- ¿Son parientes tuyos?
Y Chendo le contesta:
- Sí !!
- Son mis suegros.

Pero como en toda relación de pareja, es decir, el matrimonio, es necesario tener también ratos de esparcimiento para hacer llevadero el momento.

Así que **Chendo como todos los fines de semana se iba con sus amigos a jugar domino, cartas, etc.**

PÓQUER
Estaban los compadres jugando póquer muy tranquilos, cuando de pronto uno de ellos dice:
- Ya no juego, por que me tengo que ir a mi casa ahorita mismo !!
Y los compadres a coro le dicen:
Compadre, pero,
¿Por que se va? !!
Si aún es muy temprano, apenas son las 9:30 de la noche.
- Pues, sí compadre, eso lo sé
- Pero lo que pasa, es que en mi casa hay una regla.
- Y es que en esa casa se hace el amor a las 10 de la noche,
- "este yo o no este".
No, Compadre, pues tiene razón, váyase.

Ya que se había ido uno de los compadres, los demás se quedan a seguir jugando. Y entre el juego, Chendo lanza una pregunta a todos, para hacer platica.

DEFINICIÓN
- Haber, quien de ustedes sabe:
- ¿Cuál es la definición de CONSOLIDAR?
Todos viéndose la cara, sin saber, le dicen:
Pues no, no sabemos
¿Qué significa?
- Pues es una pareja de recién casados haciendo el amor en la playa CON_SOL_Y_DAR.
Hay compadrito, usted y sus chistecitos.

En eso le preguntan a Chendo

SUEGRA
Oiga compadre
- ¿Qué paso?
Y, ¿que tal con su suegra?
- No compadre, déjeme contarle:

- Que mi suegra
- Es tan habladora, pero tan habladora
- Que el otro día que fuimos a la playa, lo primero que se le bronceo, fue la lengua.
No, pues si esta canijo.

En eso pregunta otro compadre de los del juego

AMOR O INTERES?
Oye Chendo
- Dígame, compadre.
Oye.
Tú mujer hace el amor contigo, ¿por amor o por interés?
- Pues, yo creo que es por amor,
- Porque interés, no le pone Nada.

En eso otro empieza a platicar a los demás.

LA MISMA
- Fíjese compadres, que yo tengo 20 hijos !!
Todos asombrados al escucharlo
Y Chendo le pregunta:
- Oiga compadre,
- Y, ¿con la misma?
Sí !!
- Pero con diferente vieja.

Ya con unos grados de alcohol en sangre y unas tempranas horas de la madrugada.

Chendo le dice a su compadre de al lado

TIGRE EN LA CAMA
- Oiga compadre,
Me dijeron:
Que usted, es un Tigre en la cama !!
- No compadre, Usted no le haga caso a su mujer.

Siguiendo la fiesta del juego

Otro compadre les comenta a los otros:

DIETA

- Oigan ustedes saben:
¿Cómo le hizo mi compadre Pepe para quitarse 72 kilos de encima, en un mes?
- Sí
Le responde Chendo:
- Se Divorcio !!!

Ya con unos grados más de alcohol
Chendo le dice al compadre de enfrente

PELEA

- Compadre, ¿Qué tiene?
¿Por que se ve que tan triste?
- Pues, por que me peleé con mi esposa hace un rato
- Pero y, ¿eso qué?,
- Todos peleamos alguna vez
Bueno, y se puede saber ¿por qué?
- Pues, por que ella dice:
Que yo soy un perfecto idiota
Y yo le dije:
- Que estaba equivocada, por que no hay nadie perfecto.

Siguiendo con el cotorreo, Chendo le dice a su compadre Chema:

TRIO

- Oiga compadre, Chema
Dígame, compadre
- ¿A usted le gustan los tríos?
Mmmhh, pues sí !!
- Pues, que bueno compadre
Entonces córrale compadre, pa´ su casa
- Por que, solo les falta usted.

Y que se arranca corriendo

SORPRESITA
Entra Chema a su casa muy apresurado, siendo altas horas de la madrugada, sube a su recamara y encuentra a su esposa en la cama con otro.

Al ver esto, con cara de sorpresa y muy enojado le grita a su esposa:
- Tela, así te quería encontrar !!!
Y que le contesta la esposa:
- Pues, por que nunca quisiste.

Y fue todo por ese día
Al día siguiente:

Estaba Estelita en su casa y de repente que escucha ruidos de que alguien estaba llegando a la casa, osease, Chendo que regresaba a su casa, y como se encontraba Don Sancho Ancho con Estelita.

SUPERSTICIÓN
Estelita le dice muy apresurada a Don Sancho Ancho:
- Rápido, rápido, escóndete !!, escóndete !!
- Por que ahí viene mi marido !!
Pe-pe peee- pero !! ¿En dónde?
- Este - estee !!
- Ya sé, mejor salta por la ventana
Oye, pe-pe... pero !!
Es que son 13 pisos !!
- Hay no seas supersticioso.

Al final de esto logra escapar sin problemas y sin que Chendo lo cachara

CAMINITO
En otra ocasión, Chendo llega a su casa, muy contento y sus grados de alcohol después de una ardua jornada de juego como de costumbre y al ver a su espocita Estelita le dice:
- ¿De quién son esos ojitos tan bonitos?
Y Tela le contesta:

Tuyos mi amor.
- Y, ¿De quién son eso pechos tan bonitos?
Y Tela emocionada le contesta:
Tuyitos mi amor.
- Y, ¿De quién es ese ombligo tan bonito?
Tela, más emocionada:
Tuuyiitito mi vida.
- Y, ¿de quién chon esas hermosas rodillitas?
- NO !!
- No se vale, te brincaste la mejor parte.

Después de esto los dos se fueron a la recamara a dormir

INSOMNIO
Los dos estaban acostados y muy dormidos. Pero después de un rato, y a la media noche, Tela se levanta de la cama y se acuesta en el piso.
Chendo, se despierta y le dice:
- Y, ¿ahora? !!
- ¿qué traes?, ¿por qué te acuestas en el piso?
- Ha, mi amor, lo que pasa, es que quería sentir algo duro !!!

Y después de esto, que empieza el pleito.

VENTA TEXTIL
Durante el pleito, Estelita muy enojada y sin aguantar más, le reclama a Chendo, él cual, todavía seguía con sus grados de alcohol en sangre:
- Míra nadamas,
- En que te gastas el dinero.
- Y a mí, ni siquiera me has comprado una blusa, en el año !!
Y que Chendo le contesta:
- Pues
- Es que, yo no sabia que vendías ropa !!

Siguiendo con lo bonito del matrimonio
Y continuando con las ocasiones especiales del año

NAVIDAD
Chendo le pregunta a su esposa Estela:

- Vieja, mi amor, dime:
- ¿Qué te gusta más?, ¿hacer el amor conmigo o la navidad?
Se queda pensativa unos minutos y le contesta:
- Pues, la Navidad !!
- Y, ¿Por qué?
- Pues, porque sucede más seguido.

Continuando con otra historia dentro del matrimonio

MUNDIAL
Era un típico domingo de descanso. Y Chendo, (gran aficionado al fútbol),
estaba viendo un partido de soccer en la televisión, y le pregunta a Estela:
- Vieja, vieja, me dejas ir al Mundial de Chile.
- No !!
- Pero, ¿Por qué?
- Porque lo pierdes.

Y que le responde Chendo

ALMANAQUE
- Oye vieja !!
- ¿Qué quieres?
- Yo quisiera, que fueras como un almanaque !!
Extrañada Estela le pregunta:
- Y, ¿por qué?
- Pues para poder cambiarte cada año !!!

Unas horas más tarde

AYUDA
Llega Estela corriendo como despavorida a la sala, donde estaba Chendo
- Rápido, rápido mi Amor
- ¿qué?
- Ayuda a mi mamá !!, rápido.
- ¿Por qué?
- Es que, a mi mamá le acaba de picar un alacrán
- ¿Cómo que un alacrán?
- Sí yo puse como diez !!!

Después de esto llego la calma y ya siendo otro día, estaba Estela con su comadre, en los lavaderos de la unidad habitacional

KIWIS
Estaban las dos comadres platicando arduamente. Y la comadre le pregunta a Estela:
- Oiga comadre, fíjese que a mi marido en la noche se le calientan los kiwies, y al ¿suyo?
Estelita, extrañada y pensativa, le contesta:
- Pues, si viera, que no sé
Y la comadre le responde:
- Por que a mí marido si
Estela le contesta:
- Pero no se preocupe comadre, que eso lo averiguo hoy en la noche.
Al siguiente día se encuentra en el mismo lugar pero Estela con la cara toda hinchada por unos golpes, que había recibido en la noche.
La comadre la ve y le dice:
- Oiga comadre, Estelita
- Pues, ¿que le paso?
- Hay comadre
- Pues es que, anoche que estaba Chendo mi marido y que lo reviso como habíamos platicado y se me salio decirle:
- "Hay mi amor, a ti se te calientan los kiwies, igual que a mi compadre"

Ya cuando terminan de cotorrear y de lavar, Estela regresa a su casa y manda a Maria (la ayudanta de la casa), al Mercado.

FRUTA FRESCA.
María llega al mercado
Y pasa con el frutero y le dice:
- Oiga Don
Me puede dar de esas naranjas especiales
Y rápidamente que le contesta el vendedor:
- ahhh !!, escogiditas.
- Bueno, y eso a usted que le importa.

Siendo otro día como cualquiera

Tocan a la puerta principal y Estela manda a la empleada a investigar quien era.

TESTIGOS DE JEHOVÁ
Después de investigar quien era, María regresa con la señora y le dice:
- Señora ya se quien tocaba
Bueno, María
Y, ¿quién es?
- Señora, son unos Testículos de Jehová
A caray !!
Muchacha grosera, han de ser Testigos de Jehová
- No Señora,
- En serio, son los Testículos de Jehová
María, yo creo que has de estar confundida
- No señora, en serio son los testículos de Jehová
Bueno, bueno
Y, ¿por que dices, que son los Testículos de Jehová?
- Porque se quieren meter a huevo !!!

En otra ocasión María estaba llorando

AMENAZA
Estaba María la trabajadora doméstica sentada en un rincón de la casa, llorando desconsoladamente
- Buuu – buuu- bbuuu !!
Estela se da cuenta y le pregunta:
- Pero María. ¿qué tienes?, ¿por qué estas llorando tanto?
- Es que su marido, con una vos ronca y rasposa, me dijo cuando se iba a trabajar
- María, déjame decirte que desde hoy en la noche no pasas !!

Como todo lo malo llega a su fin y siendo difícil una situación y relación muy difícil de llevar

OPORTUNO
Ambos Estela y Chendo, deciden ir al juzgado de la ciudad, a tramitar su Divorcio. Y al terminar de firmar ambos, Estela se voltea frente al ex - marido.

Se levanta la falda y le dice:
- Mira, de lo que te has perdido !!
El ex marido sorprendido la ve
Se voltea, frente a ella y se baja los pantalones enseñando lo que hay en la entrepierna:
- Pues, mira de lo que te has Salvado !!!

Con el paso del tiempo, y años después de su divorcio, le dicen a Chendo

NOTICIAS MALAS
Señor, siento comunicarle:
- Que le tengo que dar dos noticias una buena y una mala.
- ¿Cuál quiere, primero?
Pues, la mala !!
- La mala, es que, su esposa murió
ahhh!!! y la mala, ¿cuál es?

En fin.... que podemos decir, así es el matrimonio!!!
Cualquier parecido con la realidad, es mera coincidencia.

CHISTES DE CHILE,

MOLE Y POZOLE

13. DE TOCHO MOROCHO

En esta sección encontraremos, todos aquellos chistecillos, que no tienen una clasificación bien definida, son comentarios, actividades o personajes ficticios, que de igual manera pueden hacernos reír, con su propio sentido del humor.

a) EL CAFÉ

Esto sucedió en un café concurrido de la ciudad, de aquí algunas de las charlas o comentarios que se dan en cada una de las mesas que allí se atienden.

Dos amiguitas platicando de todo y de nada en particular.

LA VIRGINIDAD VOLADORA
Estaban en el café las dos amigas platicando sus confidencias.
- Oye Laura.
- Fíjate, que estoy muy preocupada, porque la semana, que entra me caso y si en la luna de miel, Ramón se llega a enterar, que no soy virgen, pues me mata.
Laura le contesta:
- No te preocupes, que en la misma situación estuve yo y veme sin problemas
- Y, ¿como le hiciste?, Laurita.
- Pues, muy fácil, amiguis.
- Mira. Antes de empezar el momento especial o el ñaca-ñaca, puse muy discretamente una paloma de pólvora debajo de la cama y cuando estamos en el momento más intenso la prendes y a los pocos minutos se escuchara:
"PUM"
Y, el preguntara:
- ¿que fue eso?
Y, tú con toda tranquila y sutileza le dirás:
- Mi Amor, fue mi Virginidad que se fue volando.
Después de haber escuchado este sabio consejo, Ana, prontamente se fue a comprar el artículo, que la ayudaría; pero como había mucha historia, que cubrir compro una paloma marca jumbo.

Ya en la romántica luna de miel, Ana cree que es el momento
adecuado y enciende la palomilla
Y, efectivamente a los pocos minutos, se escucha:
"PPPUUUMMM"
Ramón, sorprendido le pregunta a su recién esposa:
- Mi Amor, pero, ¿qué fue eso?
Ana con toda tranquila y emoción responde:
- Mi vida, es que fue mi Virginidad, que se fue Volando !!
Ramón preocupado le contesta:
- Ana mi cielo, "pues dile, por favor, que regresé, porque se llevo
mis huevos".

En la mesa de a un lado, otras dos amigas platicando

DESPEDIDA DE SOLTERA
- Hola amiguita, me da gusto que hayas venido
A mi también, me da gusto verte.
- Pero deja y te cuento:
- ¿Qué crees?
¿Qué?
- Que voy hacer mi despedida de soltera en el Manicomio
Y, ¿por qué?
- Pues, para poder hacer le amor como loca.

En otra de las mesas del mismo café.

DULCE MIEL
Luego de regreso de la Luna de Miel, de una de ellas, las dos amigas se
reúnen en el café para platicar sus historias.
Fabiola le dice a Sonia:
- Sonia, picarona, pero ve nadamas la carita que traes
- Por favor, cuéntame
- ¿Cómo te fue en la Luna de Miel?
Ay Manis
- ¿Qué paso?, cuéntame.
-- Pues déjame contarte.
-- Pues dentro de lo que cabe . . . . . bien, pero donde no cabe . . .
"Como duele" !!!

En una mesa del rincón, dos comadres en el cotorreo

LA SHAKIRA

Ahí comadre. Fíjese, que mi cuñada es tan tonta, pero tan tonta,
que le dicen: La Shakira
- Y, ¿por que la Shakira?
- Por que es ciega, tonta y sordomuda

Es más.
Es tan tonta, pero tan tonta, que termino la primera comunión
creyendo:
Que Dios era Michael Jackson
- Y, ¿por que creyó eso?
Por que en el catecismo le dijeron:
- Que Dios, no era Blanco, ni Negro, y que ama a todos los niños del
mundo.

Hay comadre, pues que cuñada tiene
Y siguiendo el cotorreo

PREPARATORIA ABIERTA
Pues deje y le cuento mis penas.
- Fíjese, comadre, que mi hija salió de la prepa abierta
- Hay comadre,
- Pues, ¿de que se queja?
- La mía salió embarazada !!

Horas más tarde, seguían las comadres en el cotorreo

ESTERILIDAD
Oiga comadre. Fijese que necesito preguntarle algo!!
Pos usted dirá comadre, sobre ¿qué?
- Oye, ¿que tu marido es estéril?
Pues, sí.
Y la otra murmura entre dientes:
- ching..., y pa´ que toma pastillas.
- ¿Por que pregunta eso comadre?
- No por nada, solo para hacer platica

b) LA BOTANA-BAR

Aquí se reúnen los amigos, compadres a platicar sus historias

MOTOCICLISTA
Llega un fulano al bar y estaciona su moto enfrente. El motociclista se baja
de la moto y antes de saludar a su compadre se rasca la cabeza sobre el
casco.

El compadre extrañado lo ve y le dice:
- Oiga compadre,
- Y, ¿por que se rasca sobre el casco?
- Ah, que compadre tan preguntón !!
- A poco, ¿cuando usted le da comezón se baja los pantalones, para
rascarse?

Adentro del bar...
De suerte estaba lleno ese día y también se podían escuchar
buenas puntadas de humor.

En una de las mesas del lugar

ENOJO
Estaba los dos compadres platicando y recordando historia política.
- Oiga compadre.
Usted sabe:
- ¿Por que estaban enojados los del PRI?
No, pos, no sé !!
- Pues porque hace años les metieron un Cedillo por El Colosio

Ha que compadrito,

OPINIÓN IRAKÍ
Bueno, compadre. Y siguiendo platicando con la política y el mundo.
Dígame, Usted:
- ¿Qué opina de la posición Irakí?
Mmmhh !!
- Pues solo, que a mí vieja le duelen las rodillas.

Unos fulanos platicando en la barra del bar

FRAGANCIA
- Oiga compadre.
Si dígame, compadre.
- ¿Hay alguien sentado al lado de usted?
No !!
- Y, ¿atrás de usted?
No !!
- Ahhh, entonces fue usted compadre cochino !!

En otro mesa del mismo bar

CREENCIAS
- Fíjese compadre que estoy muy triste
Pero, ¿Por qué? compadre
- Pues, por que ayer murió un amigo
Y, ¿de qué murió?
- Pues, es que murió por sus creencias
¿Por qué por sus creencias?
- Por que creyó, que su coche iba a frenar.
Pues que triste compadre.
- Pero fíjese, que a un amigo mío también le paso otra desgracia
Y ¿que le paso?

ARREGLO MECÁNICO
Pues mi amigo fue con el mecánico y le dijo:
- Oiga, ¿Cuánto va ser?
- Por las dos puertas, que su mujer choco 40,000 mil pesos
- Oiga pero, ¿Por qué tan caro?
- Por las del garaje.

Pues también es triste.
Bueno, bueno, cambiando el tema compadre

ARMANDO MANZANERO

Oiga compadre

Fíjese que acabo de ver en las noticias, que el cantante Armando Manzanero tiro con su coche todos los Semáforos de la avenida central.

- Oiga, y dijeron ¿por qué?

- Pues por que según él, le tenía miedo a los altos.

Continuando con la plática de los compadres

NELSON NED

Oiga compadre.

Usted sabia, que al cantante Nelson Ned le dicen la hemorroide

- No, no sabía. Y ¿por qué?

- Pues, por que esta en-ano.

Siguiendo con el cotorreo

DALMATA

Oiga compadre

Usted sabe: ¿por que a Michael Jackson le dicen el 102 dálmata?

- No, no sé. ¿Por qué?

- Pues por que es blanco, con sus bolitas negras.

Órale compadrito, que buenos chistecillos

Bueno compadre, ¿a que no me adivina esto?

¿RAPIDEZ?

Haber compadre, usted que todo lo sabe y es muy estudiado.

- ¿Qué es más rápido, un rayo, la luz o la diarrea?

El compadre se queda pensativo

Y le contesta:

- Pues, yo creo que el rayo.

- Pues no compadre

- Es la diarrea !!

Pero, ¿por qué?

- Por que, fíjese, que ayer corrí como de Rayo, prendí la luz y ya me había ganado.

A que compadrito tan cochino.
Hablando de otro tema

Compadre, y en su chamba, ¿como le va?

JUEGO DE GOLF
Pues, creo que bien
Es más compadre.
Ayer fui a jugar golf con el jefe.
- Pues, que bien.
- Y ¿que tal?, ¿le atinaste al hoyo?
- Compadre solo fui a jugar golf.

Me va bien en la chamba y fíjese que la otra ocasión me mandaron   de viaje a la ciudad de México.
- Pues que buen o compadre.
Pues no tanto, déjeme y le cuento:
- Haber cuénteme !!

CIUDAD DE MÉXICO
Pues andaba en la ciudad de México
- Y ¿Que paso?
Pues después de ese viaje decidí, que ya no vuelvo a ir a la Ciudad de México
- Pero cuénteme, ¿por qué?
Por que me subí al camión y que lo asaltan
- Empezaron a quitar el dinero a todos y a las mujeres como no traían dinero las violaban.
- Y como yo no traía dinero, pues . . . . . que me toca violación.

Pues, que triste compadre.

En otra mesa del lugar

YUCATECO

Estaban los dos compadres yucatecos platicando sobre el bautizo   de uno de sus hijos:

- Oiga compadre
Dígame !!
- Y, ¿como le van a poner?
Charly !!
- No compadre
- Digo, qué !!
- ¿Cómo le van a poner, la cabeza en la pila?, por que no cabe !!!

En otra mesa estaban otros cuates y también con unos tragos encima.

BESO DE COMPADRE.
- Oiga Compadre,
¿Qué pasó?, compadre
- Por favor, enséñele a besar a mi mujer.
Pero compadre
¿Por qué me pide eso?
- Es que la suya besa muy rico.

c) UNIVERSIDAD

Es una etapa en la vida que se vive con buen humor.

Dos amigos platicando sobre la escuela

EXAMEN FINAL
- Oye, güey
¿Que onda?
- Fíjate que la neta, estoy muy preocupado, por la materia de Sexología
¿Por qué?
- Por que el examen final:
- Es oral !!

Pues si esta de pensar !!

SEXOLOGÍA UNIVERSITARIA
Noticia publicada en un tabloide de una importante universidad de EE.UU.:
Noticia de fin de curso: "Informamos a todos los alumnos que cursaron la materia de sexología este semestre, que todos han aprobado la materia".

    - De puro panzazo.

Así que, todos se tuvieron que casar

d) COMANDANCIA DE POLICIA

Érase una ves en una ciudad turística, como Guanajuato.

VIOLACIÓN INTERNACIONAL
En pleno Festival Cervantino, una residente de estados unidos, alias una gringa, entra muy enojada a la comandancia de policía para poner su queja diciendo:

    - Señor, Policía

    - Señor, Policía.

    - Vengo a   denunciar que este chaparro que ve aquí. "Me acaba de violar".

    - Haber, haber señorita

    Déjeme ver si entendí bien.

    Quiere decir: que entonces ¿esté chaparro que esta aquí la violó?

    - Bueno señor Policía la verdad la verdad. Es qué me tuve que agachar un poquito.

Este es otro caso de violación

VIOLACIÓN NACIONAL
En la misma comandancia de policía horas más tarde, entra otra mujer muy enojada a poner su queja:

    - Señor policía.

    - Señor policía.

    - Quiero decirle:

    Que esté imbécil !! que ve aquí, me acaba de violar

    - Oiga Señorita. Y ¿por que dice que este imbécil la violo?

    - Pues por que tuve que decirle como.

e) FARMACIAS

Esto se puede decir que son las cosas buenas y malas de cada negocio

SOLTERONAS
En la típica Farmacia de un pueblo, es atendida por dos golosas solteronas.
Hace su entrada un joven apuesto que les pregunta:
- Oigan, disculpen. Me duele la cabeza.
- ¿Qué me pueden dar?
Y le responden las dos a coro:
- Pues si quiere 5 mil pesos al mes y la Farmacia.

Esto sucede en otra farmacia de la competencia.

TIPOS DE CONDÓN.
En la Farmacia de la competencia.
Llega un cliente a comprar diciendo:
- Disculpe señor!! Me puede vender una caja de condones, por favor
- Claro señor !! Y ¿que modelo quiere?
   Por que tenemos el modelo ¿Soltero o Casado?.
-A caray, pues no se. ¿Cuál es la diferencia?
- Pues que el modelos soltero trae 7 y el casado trae 12
- Oiga, y ¿por qué?
- Pues por que el modelo soltero es para lunes, martes, miércoles ....domingo.
- ¿Y el Modelo Casado?
- Por que es para (Enero, febrero ..... diciembre).

- Entonces, ¿cuál va querer?

En otra farmacia más

CUIDANDO SU SALUD
Un cliente entra a una de esas farmacias que están llenas de niños obstruyendo el mostrador por que están jugando a las maquinitas en la entrada y desde la puerta le grita:
- Señora, señora,
- Si, dígame joven

- Por favor, deme un condón.

La Señora, molesta por que escuchan los niños le dice:

- Señor, por favor cuide su lengua.

- A bueno, entonces deme dos.

En la misma farmacia, pero horas más tarde

DESODORANTE

    - Oiga, Señora.

    - ¿Tiene desodorante para mí?

    - ¿De bola?

    - No !! para la axila.

f) PERSONAJES ESPECIALES

ESCUELA DE TARTAMUDOS

Un tartamudo caminando en la calle, le pregunta a un transeúnte:

    - Se-se-seño-seño-señor, do-do-donde que-que-queda, la-la es-es-
escue-escue-escuela, de-de tar-tar-tarmu-tartamudos?

Y le contesta el transeúnte:

    - Óigame!! pero usted, ¿porque quiere saber?

    - Sí usted lo habla muy bien.

ESPEJITO

Un niño con Síndrome de Down, iba caminando por la banqueta y se
encuentra un espejo tirado en el suelo.

    - Lo levanta y se ve.

Y dice:

    - hay, con razón te tiraron.

PALETAS GANGOSAS

Un Gangoso vendiendo paletas en el jardín principal:

    - Hay paleetas de lemón y meelón !!

    - Hay paleetas de lemón y meelón !!

Llega un comprador y le dice:

    - Oiga. Usted !! ¿tiene Laringitis?

    - No, güey

    - Solo de Lemón y Meelón.

g) LA OFICINA

HORARIO DE TRABAJO

Érase una ves un señor, que estaba castrado (literalmente y físicamente) en su primer día de trabajo en una oficina de la Ciudad de México y recibiendo sus primeras instrucciones de su nuevo jefe.

- Bueno Señor Castro.
- Bienvenido, primero que nada quiero decirle:
- Que su trabajo será de 11 a 3 de la tarde, por que de 8 a 11, estos, osease sus compañeros de oficina se rascan lo que usted no tiene !!

En la misma empresa, pero en otra oficina.

DICTADO

La Secretaria servicial le dice a su Jefe:

- Jefe. ¿Me necesita?
- No !!
- Por favor, vístase y váyase !!

Continuando en la misma empresa pero en otro cubículos, se escucho el siguiente comentario

OPINIÓN

- Oye !! Dime, ¿que opinas de que tengamos sexo?
- Que es sucio !!!
- ¿Y si nos bañamos?

h) MAGIA

LEVITACIÓN

El Mago Trucolin estaba en una ocasión haciendo su espectáculo en el pasillo de un camión urbano, conocido como la oruga.

- Señores pasajeros, quiero que todos presten atención porque con mi gran poder de Mago haré que este camión flote y se eleve del piso.
El Mago se concentra, dice sus palabras mágicas y el camión se empieza a elevar unos metros, toda la gente empieza a gritar de terror y asombro.

El Mago Trucolin les dice:
- Ahora, quiero que todos se tranquilicen y que todos soplen al mismo tiempo, para que el camión descienda.
Y así lo hacen. Todos soplan al mismo tiempo y el camión desciende sin problemas.
- Ahora señores pasajeros, voy a demostrar que con mi gran poder, voy hacer que al viejito se le pare.
El Mago se concentra, dice sus palabras mágicas y sucede el milagro
De repente Don Arrugis el viejito al ver el milagrito empieza a grita:
- Óiganme bien todos, solo les digo que: Chin-chin al que sople, chin-chin al que sople !!

Siguiendo con su gira, de espectáculos

COTORREO Y MAGO
El Mago Trucolin, seguía su gira artística y siempre era acompañado por su fiel cotorrito, el cual tenia un defecto (siempre revelaba el truco a la mitad de la exhibición).

En una ocasión suben a un barco y el Mago Trucolin, inicia su show en uno de los teatros del barco. Y Como siempre el cotorro de impertinente gritaba:
- "El mago tiene el conejo escondido en la mesa"
- "El mago tiene escondidas las mascadas en la manga" .....

Y así, truco tras truco, hasta que de repente en pleno show el barco choca y se hunde, quedando de sobrevivientes el Mago y el Cotorro, flotando sobre unas tablas a la mitad del mar. Después de esto el cotorrito, se quedo callado y observaba muy detenidamente al Mago, hasta que después de tres días el cotorro mirándolo fijamente le dice:

- "Ya Mago Trucolin, me rindo, pero por favor dime donde pusiste el Barco".

i) FANTASÍA

Aquí mejor usamos un poco la imaginación y el buen sentido de humor.

FABULA DE LA RANA

En una ocasión una ranita iba saltando y saltando muy alegre, hasta que llego a las vías del tren, pero al cruzar no se dio cuenta, que venía el tren y le corto la colita.

La ranita siguió saltando más, hasta que se dio cuenta de que algo le faltaba, así que se dio la media vuelta y regreso.

Pero de nueva cuenta, no vio que el tren se hecho de reversa, y que le corta la cabeza.

- ¿Cual es la Moraleja?

- Pues que, "Nunca pierdas la cabeza por unas nalgas".

CARICATURAS

En una tarde de domingo tomando el cafecito estaban reunidos, Hulk, Blanca Nieves y Cuasimodo.

Blanca Nieves pregunta:

- Oigan muchachos, siempre me he preguntado si realmente seremos los personajes más importantes en lo que somos buenos, es decir, ¿realmente Hulk serás el hombre más fuerte del universo o tu cuasi el hombre más feo del universo o yo la más hermosa del universo?

Por lo que Hulk responde:

- Pues, hay que ir al castillo y preguntarle al espejo mágico y el nos lo dirá.

Llegan al castillo donde esta el espejo mágico.

Entran, echan un volado, gana Hulk y dice:

Yo primero, yo primero !! Así entra a hablar con el espejo mágico y sale en 20 minutos con una sonrisa de oreja a oreja diciéndoles a los otros:

- Pues efectivamente, el espejo mágico me acaba de decir, que si soy el hombre más fuerte de todo el universo

Blanca Nieves dice:

Sigo yo, sigo yo !! Así que entra al castillo y habla con el espejo mágico.

Sale en 20 minutos con una sonrisa enorme diciendo:

- Pues efectivamente, mis queridos amigos, el espejo mágico me dijo que sí soy la mujer más bella de todo el universo.

Y le dice Blanca Nieves:
- Sigues tú Cuasimodo, para ver si eres el hombre más feo de todo el universo.
- Ok, déjame entrar !!
Después de 40 minutos sale Cuasimodo con una cara enorme de duda y de tristeza.
Hulk lo ve y le dice:
- Pero ¿que paso mi Cuasi?, ¿Por qué traes esa cara? acaso, ¿sí eres el hombre mas feo de todo el universo?
- Pues no sé !!
- Oye Hule. Tú sabes acaso, ¿quien es Elba Esther Gordillo?

Seguimos con los cuentos de fantasía

GENIO DE LA LAMPARA

Era una tarde tranquila y una damisela recorre la orilla de una hermosa playa, durante su recorrido se encuentra en la arena una Lámpara Mágica, la levanta y la frota para limpiarla, saliendo rápidamente de ella un Gran Genio Mágico y le dice:
- Por haberme liberado de la Lámpara Mágica, "Te concederé un solo deseo por la crisis actual"
El Genio saca un mapa mundial, se lo muestra a la dama y le dice: Elige.
La Dama entonces pide paz por todos los países de medio oriente
El Genio sorprendido, exclama:
- "Válgame, pero si esos países han estado en guerra por milenios, mejor pida otra cosa más sencilla"
La Dama acepta y entonces le pide:
- Genio. "Quiero un hombre ideal: que sea considerado, divertido, guapo, cuerpo espectacular, que le guste cocinar, ayudar en la limpieza del hogar, sepa de música, inteligente, que no sea borracho, todo un tigre en la cama, que se lleve bien con mi familia, fiel y que no coquetee con mujeres guapas, y que no se la pase viendo televisión
El Genio suspira y dice:
- Haber, haber pues mejor traiga acá ese pinché mapa.

Ahora usemos un poco la imaginación

FIESTA DE CEROS

Esta era una fiesta de puros ceros y estaban muy ambientados y divertidos; cuando de repente llega un ocho, muy animado. Los ceros se dan cuenta, se juntan y lo sacan de la fiesta.

El ocho con mucha tristeza se sale diciendo:

- Amigos, ¿por que me hacen esto? que no ven, hoy me quise poner un cinturón muy apretado"

Ahora reímos con seres mitológicos

BUENA OBSERVACIÓN

Estaba sentado en una banqueta de un calle solitaria y obscura a la mitad de la noche un Vampiro todo golpeado, ensangrentado, por no decir madreado de la cara y en eso, aparece otro Vampiro y al verlo en ese estado, se acerca y le dice:

- No manches güey !!
- Pero que buena madrina te pusieron !! mira nada más, como te dejaron, pues ¿cuántos eran?
- Pero cuéntame ¿qué te paso?

Y le contesta el vampiro golpeado,

- Pues no te puedo contar mucho.
- Dime ¿tú ves esa banqueta de enfrente?
- Hhmmm, pues sí, si la veo !!
- Pues, ese es el problema. Yo no la vi !!!

Seguimos con otros compadres vampiros

TESITO

Ya que se recupero de la madrina y en otra ocasión estaba el mismo vampiro a la mitad de la noche, muy activo, atareado buscando algo en el basurero de un callejón, y en ese momento, lo ve otro vampiro.

Este un poco intrigado por su compadre lo ve, se acerca y le pregunta:

- Oye compadre pos, ¿qué estas haciendo?, ¿que te veo muy enjundiosos?

Y le contesta el vampiro atareado:

- Pues compadre le digo que no me distraiga por que ando buscando un Tampax para hacerme un Tesito !!!

A continuación, la otra cara del libro de la selva. Osease la neta del planeta

LAVADORA DE JANE

En una ocasión y sin nada mejor que hacer, Jane decide explicarle lo que es sexo a Tarzan:

- Mira Tarzan, esto es muy simple, lo mío es la Lavadora y lo tuyo es el trapito y por lo tanto, hay que lavar tu trapito en mi lavadora.

Y Tarzan aprendió muy rápido.

Entonces Tarzan lavaba todos los días, hasta que Jane se canso, se agoto, es decir se le acabaron las pilas, así que Jane le dice:

- Mira Tarzan déjame explicarte, que no todos los días son de lavado.

Y Tarzan aprendió rápido:

Entonces, después de este comentario pasaron meses sin que Tarzan quisiera lavar y esto le extraño a Jane y le pregunta:

- Tarzan me puedes decir, ¿por que ya no lavas?

Y prontamente Tarzan le contestan:

- Pues por que Tarzan, ya a aprendió a lavar Mano.

Ahora hay que poner a la ardilla cerebral a trabajar y echar un poco de de imaginación cósmica

LUNA

Después de tantos milenios y en forma inesperada. El Sol se decide a decir algo que siempre había pensado y le Grita a la Luna cuando esta se ocultaba por el ocaso.

- "Puta – Puta "

La Luna lo escucha y se regresa muy enojada, reclamándole al Sol.

--Sol me puedes explicar ¿Por qué me llamaste Puta?

- Pues, porque solo sales de noche.

- ¿A sí?, no me digas, entonces si a esas vamos, en ese caso tú eres un Pendejo

El Sol sorprendido le contesta:

- Y tú ¿por qué me llamas así?

- Pues por que no se cuantos millones de años llevas calentando a la Tierra y ni siquiera te la has cogido !!!

En la siguiente sección, podemos encontrar que hasta en las bellas artes, como el teatro, la música y la literatura, hay una chispa de humor

j) ARTES

TEATRO (Obra 1)
Primer Acto.
Esta un güey golpeando a otro güey con una bolsa de hielos.

Segundo Acto.
Sale el mismo güey con la misma bolsa de hielo, golpeando al mismo güey.

Tercer Acto.
Sigue el mismo güey con las misma bolsa hielo y golpeando al mismo güey.
¿Cómo se llamo la obra?
Una Helada Madrina.

TEATRO (Obra 2)
Primer acto:
Aparece una señora con un Panal.

Segundo acto:
Aparece la misma señora matando unas lindas abejitas.

Tercer acto:
Sigue la misma viejita matando más abejitas.

¿Cómo se llamo la obra?
La Mata-abejitas.

Seguimos con la música

CANCIÓN SUICIDA (a ritmo duranguense)
4 mujeres, 3 sillas, la que no tiene silla se suicida
3 mujeres, 2 sillas, la que no tiene silla se suicida
2 mujeres, 1 silla, la que no tiene silla se suicida
- ¿Cómo se llamo la canción?
- Antes muerta, que sin-silla

Seguimos con el arte de la poesía

CABALLEROSIDAD
     En la Recepción de un Hotel
     Un hombre golpea sin querer
     El seno de una Bella mujer
     El Hombre apenado,
     Y sin saber que hacer
     Le dice a la bella mujer:
     Le ofrezco mil disculpas, bella Dama
     Y si su seno es tan suave como su corazón
     Tengo la seguridad, que recibiré su perdón
     Por lo que la Dama responde:
     Pues muy bien Monseñor,
     Y si su pene es tan fuerte, como su codo
     Entonces mi habitación es 201.

k) OTROS MÁS

ZAPATOS DE COCODRILO
Va un borrachito caminando por la banqueta y de pronto se queda viendo los zapatos de otro transeúnte que pasaba a un lado de el.
     Y el transeúnte le responde:
     - Si Señor, efectivamente si es lo que esta pensado.
     - Si son zapatos de cocodrilo !!
     Y le contesta el borrachito intrigado:
     - Oiga y me puede decir:
     - ¿De qué numero calzó su cocodrilo?

Esto sucedió en una caja popular de ahorro

PRESTAMISTA
Llega un fulano con el gerente de una caja de ahorro, diciendo:
     - Hola, Buenos Días !!
     - Que tal, buenos días.
     - Oiga, usted disculpe, aquí es donde dan préstamos a familiares.
     - Sí señor, efectivamente, aquí es.
     - Ha que bueno, entonces me puedes prestar a tu hermana.

Érase una vez en una manicomio

PODRIDO

En una ocasión un paciente psiquiátrico (por no decir, un loquito), empieza a sentir comezón y prontamente empieza a rascarse las nalgas, en medio de ellas y todo lo se encuentra a su alrededor y al termina, se ve la mano y dice:

Con esto ahora sé, que yo no estoy Loco, lo que pasa es que estoy podrido.

Esto ocurrió en la cámara de senadores entre dos conocidos dirigentes del país

AVIÓN DE POLÍTICOS

- Imagínese compadre, que un día van viajando en un avión nuestros compañeros López Obrador, Madrazo y Felipillo Calderón. Y de repente el avión empieza a tener problemas, cae y explota.
- Dígame, de los tres ¿quien se salva?
- Pues, no sé !!
- Pues se salva .... México.

Esta es una plática entre unos compadres Rancheritos

MILPA RANCHERITOS

- El Rancherito dice:
  Oye vamos a la milpa !!
- Ándale !! vamos.
Y que le contestan:
- ¿Cómo que a la milpa?, has de estar tu loco.
- Si, ándale vamos y te tocan: mil pa´ ti, y mil pa´ mí.

Ahora con un sentido del humor que la verdad da mucha flojera

HUEVONES

Estaban dos reyes pero de la flojera (Huevones Master) descansando muy cómodamente desparramados en unas hamacas y uno de ellos le dice al otro:

- Oiga compa. No sea malo y déme un cigarro !!
- Sí compadre, solo extienda su mano y sáquelo de la bolsa de mi

camisa que esta colgada a un lado de usted.
- Hay no compadre la neta pues, que flojera me da eso, mejor saco los míos de mi camisa.

Para que estén preparados cuando salgan de viaje, por que pueden encontrar un pasajero así

BOLETO
En una taquilla de la estación del tren llega a la ventanilla un cliente diciendo:
- Buenas tardes !! Oiga disculpe, me puede dar dos boletos por favor.
Y le contestan el vendedor:
- Oiga señor, para que quiere dos boletos, si usted esta solo!!
- ahh, lo que pasa es que traigo un dolor pasajero.

Esto sucedió en una reunión familiar para la pedida de mano de la novia, sin agravar a los presentes

COMPROMISO
El yerno al padre de familia:
- Señor, estoy aquí presente antes usted, porque quiero decirle:
  Que vengo a pedir la mano de su hija
- Y dígame joven
- ante tal petición tan importante, dígame ¿usted la hará feliz?
- Huy Señor.
- Sí ayer la hubiera visto !!

Esta era una de esa raras ocasiones en que la comadre le pide ayuda y apoyo al compadre

VENGANZA
Llega la comadre muy preocupada y lloriqueando con el compadre diciéndole:
- Oiga compadre fíjese, que me acabo de dar cuenta de que mi esposo lo engaña con su esposa
El compadre muy sorprendido de haber escuchado esto le responde:
- Ah, pues que caray.

Entonces a la comadre se le ocurre una idea y se la propone al compadre:

- ¿Entonces que? compadre. ¿Que le parece si nos desquitamos de la misma manera?

Y le responde el compadre:

- Pues sí comadre tiene razón pues hay que desquitarnos. Y así sucedió muchas, muchas veces que la comadre se desquitaba a cada ratito con el compadre y en una de esas le pregunta otra vez:

- Tons que compadre ¿nos desquitamos otra vez?

Y le responde el compadre:

- Sabe que comadre, pensándolo bien, pues como que a mí ya se me acabo el rencor !!

Recuerden que caras vemos, amigos no sabemos

AMIGOS LEJANOS

Se encuentran en la calle dos amigos que no se veían desde hace mucho tiempo y uno le dice al otro:

    - Viejo que alegría verte, se nota que te ha ido muy bien.

Cuéntame ¿a que te dedicas?

- Nombre hermano, pues es que yo monte el mejor negocio del mundo.

- A caray. ¿Y cuál es ese?

- Pues es que puse una casa de Putas y una de Maricas !!

El amigo con cara se asombro le responde:

- Oye no me digas ¿pero eso a de ser muy difícil?

- No amigo.

    Difícil al principio que nomas éramos mi mujer y yo !!!

Lo siguiente es un humilde consejo, para cuando alguna dama se vaya a comprar un coche nuevo

AGENCIA BMW

Una mujer entra muy emocionada a una agencia de autos de lujo, ve un automóvil que le parece perfecto y valiéndose por si sola decide acercase a inspeccionarlo con mayor detenimiento y al agacharse para tocar los interiores, se le escapa una sonora flatulencia, muy afligida rápidamente voltea nerviosa para ver si alguien noto su pequeño accidente, pero su sorpresa se encuentra con un vendedor parado allí a un lado suyo.

Y el vendedor le dice:

- Buenos días señorita, ¿En que le puedo ayudar?

Muy incomoda y para disimular el rubor le pregunta:

- oiga disculpe, ¿Que precio tiene este precioso automóvil?

El vendedor responde:

- Mi querida señorita, déjeme decirle que:

- Que si se le salió un pedo con solo tocarlo, le aseguro que se va a cagar cuando le diga el precio !!!

Esto son los riesgos por tener un hermano Gemelo idéntico

SORDOMUDO EN NEW YORK

En una familia Mexicana se les presenta un gran acontecimiento.

El nacimiento de hermanitos Gemelos idénticos.

Después de esta felicidad y con el paso del tiempo se dan cuenta que uno de ellos era Sordomudo.

Al saber la noticia el abnegado Padre se pone a trabajar arduamente y junta suficiente dinero para ayudar a su hijo y cuando logro manda a su mujer junto con el enfermito a los EE.UU a una clínica especializada.

Al llegar los dos a New York iban pasando cerca del Yankee Stadium, se oye un fuerte batazo y de pronto le cae al niño una pelota de béisbol a gran velocidad en la mera cabezota, el escuincle se levanta del suelo y exclama:

- Chingas a tu madre !!!

La señora se sorprende al escuchar estas palabras de su hijo y toda emocionada, inmediatamente se dirige al telégrafo más cercano y le manda un telegrama a su marido escribiéndole con mayúscula:

- EL NIÑO HABLO: CHINGAS A TU MADRE !!!

Al siguiente día recibe respuesta de su marido diciendo:

- CHINGAS A LA TUYA, TE LLEVASTE AL QUE HABLA ......
PENDEJA.

Aquí vemos como es un día cotidiano en la Casa Blanca de Washington

TERCERA GUERRA MUNDIAL BUSH

En una cena de gala en la Casa Blanca, estaba conversando muy amenamente el Presidente Barak Obama y el Goberneitor Arnold, el muchas letras alias Schwarzenegger y de repente se les acerca un invitado a su plática y les pregunta:

- Disculpen señores la intromisión, pero podrían explicarme ¿por qué están hablando de esa forma tan animada?

Y sin ninguna incomodidad ante la pregunta, le contesta Arnold:

- Es que estamos haciendo planes para una Tercera Guerra Mundial

El invitado sorprendido, contesta:

- ¡Guau !! Que sorpresa y ¿cuáles son esos planes?

Y contesta muy sonriente Don Obama:

- Pues de que vamos a matar a 14 millones de musulmanes y 1 dentista.

El invitado parece muy confundido y responde:

- ¿Un .... Dentista?

- Pero ¿Por que van a matar un Dentista?

En eso Arnold le da unas palmaditas en la espalda a Obama y le dice:

- Obama, ¿Que te dije?, que nadie iba a preguntar por los musulmanes.

14. DUDAS

En esta sección encontraremos chistes, comentarios, frases, etc, que en general, simplemente aparecen en la vida diaria. Son dudas que de alguna manera especial, nos causan risa.

a) PREGUNTAS CURIOSAS
Algunas preguntas y sus respuestas ociosas y otras cosillas más.

☺ ¿Qué significan las siglas DF?
R: **Defiéndanse Fuereños.**

☺ ¿Qué significan las siglas CA en las playeras del equipo América?
R: Se **C**ompran **Á**rbitros.

☺ ¿Qué le dijo Batman a Robin?
R: Oye Robin.

☺ ¿Qué le dijo Robin a Batman?
R: Mande.

☺ ¿Qué le dijo el Papel higiénico a Batman?
R: Yo soy el único, que conoce tu Baticueva.

☺ ¿Qué sale de la cruza de Batman y un artista?
R: Pues un Baterista.

☺ ¿Qué le dijo un Sanitario a Superman?
R: Serás muy superman pero conmigo – te sientas !!!

☺ ¿Qué le dijo un árbol a otro árbol?
R: Haber a quien se le para primero el pajarito !!!

☺ ¿Qué le dijo una computadora a Juan Gabriel?
R: Yo no hablo, computo.

☺ ¿Qué es un bizquet?
R: Es una dona virgen.

Entonces:
☺ ¿Qué es una dona?
R: Un bizquet feliz !!

b) FILOSOFANDO SOBRES LAS INTERROGANTES DE LA VIDA.
Descubriremos, las respuestas a las preguntas universales: El quién, cuál, comó, dónde, por qué, para qué, de qué y en qué.

El **QUIÉN** de la vida

☺ ¿Quién mato al libro de Español?
R: Un sujeto.

El **CUÁL** de la vida.

☺ ¿Cuál es el colmo de un Sardina?
R: Que le den lata.

☺ ¿Cuál es el colmo de una Ballena?
R: Estar vacía.

☺ ¿Cuál es el colmo de Batman?
R: Que lo Robín, un día de estos.

☺ ¿Cuál es el colmo de un astronauta?
R: Tener los ojos fuera de sus orbitas.

☺ ¿Cuál es la diferencia entre silla y un pene?
R: No sé.
Entonces ten cuidado donde te sientas !!

El **CÓMO** de la vida.

☺ ¿Cómo se le llama a un pollo con macana?
R: Pollicia.

☺ ¿Cómo se le llama a un pollo sentado atrás de un escritorio?
R: Pollitico

El **DÓNDE** de la vida

☺ ¿Donde estudian los polliticos?
R: En el pollitecnico.

El **POR QUÉ** de la vida.

☺ ¿Por qué el Viagra es azul?
R: Porque es para el Pitufo

☺ ¿Por qué son tan Caros los Divorcios?
R: Porque lo valen.

☺ ¿Por qué se suicido el libro de matemáticas?
R: Por que tenia muchos problemas.

☺ ¿Por qué al Sancho le dicen el González?
R: Porque entra cuando tu sales.

☺ ¿Por qué al Sancho le dicen el Tractor?
R: Porque sustituyo al güey.

☺ ¿Por qué al Sancho le dicen Chabelo?
R: Porque te entretiene al niño y te catafixia la esposa por el troncazo.

☺ ¿Por qué a tu amiga le dicen la podrida?
R: Porque se cae de buena.

☺ ¿Por qué le apodan a algunos fulanos el Ratón de Panadería?
R: Porque se quedan dormidos sobre el Bizcocho y sin chocolate.

☺ ¿Por qué le apodan el Racista?
R: Por que anda con la Raza.

☺ ¿Por qué las Gallinas, no tienen senos?
R: Porque los Gallos no tiene manos

☻ ¿Por qué al Presidente Fox le dicen la Esfera?
R: Por que estaba de adorno en los pinos.

☻ ¿Por qué al Presidente Fox le dicen el Perro?
R: Por que solo entendía a puros periodicazos.

☻ ¿Por qué al Presidente Fox le decían el Mesero?
R: Por que se hizo güey con el cambio.

El PARA QUÉ de la vida

☻ ¿Para qué sirve la estadística?
Por ejemplo, por que nos puede decir que cada vez que yo respiro -
alguien muere.
Pues hay que lavarse la boca !!

El DE QUÉ de la vida.

☻ ¿De qué murió Blanca Nieves?
No sé ¿de qué?
R: De un 7up.

☻ ¿De qué murió el Capitán Garfio?
Pues, no sé.
R: Es que se equivoco de mano, cuando fue al baño.

El EN QUÉ de la vida.

☻ ¿En qué se parece Six Flags México a las bubis de una mujer?
R: En que fueron hechas para los niños y pero los disfrutan más los
grandes.

☻ ¿En qué se parece un condón y la cuerda Bungee?
R: En que si se revientan, ya te llevo la ching . . . ada

☻ ¿En qué se parecen las mujeres al tomate?
No se compadre, ¿en qué?
R: En que los dos le quitan lo caliente al Chile.

😊 ¿En qué se parece una nevera a una vagina?
R: En que por más carne que le metan siempre olerá a pescado.

c) FRASES CELEBRES

Se consideran frases ya sean cortas o largas, pero que tienen su lógica especial.

😄 Ayer compraron una Parabólica
R: Y Bólica esta muy contenta.

😄 Háganlo con Alegría !!
R: Y Alegría quedo embarazada.

😄 Por favor, no pases por topes !!
R: Y topes, se quedo sin ir a la fiesta

😄 Todos a bordo !!!
R: Y Bordo murió aplastado

😄 Tomen la foto sin Flash
R: Y Flash no salió en la foto.

REFRAN MODERNO
El valiente vive hasta que . . . . . lo cacha el compadre.

FABULA DE LA MANZANA
Estaba un árbol en medio de un hermoso jardín y de repente una
de las manzanas cae al suelo.
Las otras manzanas que estaban en árbol al verla caerse,
comienzan a reírse y burlarse, diciéndole:
Jajaja, lero, lero !!!
La manzana caída voltea hacia arriba, muy digna y con aire de
grandeza les contesta:
"Cállense, inmaduras !!!"

d) TELEFONÍA

Hay que tener cuidado por que alguien puede contestarnos de esta manera por teléfono.

☺ Llamada telefónica:
- *Oiga disculpe ¿Esta Conchita?*
R: *No, esta con Tarzan.*

☺ Llamada telefónica:
- *Oiga disculpe ¿Está Alberto?*
R: *NO, esta cerrado.*

☺ Llamada telefónica:
- *Oiga Disculpe ¿Estoy hablando al 0-00-01?*
R: *Sí.*
Compadre, casi te dejan sin número telefónico.

☺ Llamada telefónica:
- *Bueno, Operadora.*
- *Sí señor, Dígame ¿qué número quiere?*
- *Pues ¿Cuáles tiene?*

e) TAN PERO TAN . . .

☺ Había una vez una mujer tan chiquita, pero tan chiquita.
R: *Que en lugar de tener matriz tenia sucursal.*

☺ Había una vez una mujer tan chiquita, pero tan chiquita
R: *Que en lugar de dar a luz daba chispitas.*

☺ Había una vez una mujer tan delgada, pero tan delgada, que no tenia peso.
R: *Tenia centavo.*

☺ Había una vez un Fulano, tan pelón, pero tan pelón, que cuando se caía de espaldas.
R: *Se pegaba en la frente.*

☺ En Monterrey son tan codos, pero tan codos, que para ahorrar tiempo, dinero y esfuerzo, las misas ya mejor las ven por Televisión.

R: Pero cuando pasan la charola de la limosna, mejor le cambian de canal.

SOPITA

Fíjese compadre.

Que en la ciudad de Monterrey son tan codos, pero tan codos, que el otro día llovió tanto, pero tanto, que se inundo la ciudad y hasta parecía Sopa de Coditos !!

CORBATA MUSICAL

- Fíjese compadre.

  Que mi vieja me regalo una corbata musical.

- ¿Y por qué dice que es musical?

R: Por que es tan larga, que me toca la corneta.

f) REFLEXIONES
Siempre hay que reflexionar y al final concluir

☺ He llegado a la conclusión:
De que uno de los grandes problemas de la Clonación.
R: Es que te duplicarían a la suegra.

☺ He llegado a la conclusión:
De que las mujeres son las que menos chocan; pero las que más accidentes provocan.

☺ He llegado a la conclusión:
De que los Frijoles son como los Malos Amigos.
R: Por que siempre hablan por detrás.

☺ He llegado a la conclusión:
De que el Amor es una enfermedad.
R: Por que siempre termina uno en la cama.

INCLINACIÓN

- Compadre, fíjese que yo creo que el nombre de la persona es una inclinación.
- ¿Y por qué compadre?
R: Por ejemplo, yo soy Albino y tu Rasputín.

g) PRIMAS Y PRIMOS

Fíjate que tengo una prima que le dicen:
La Dieta.
¿Y por qué?
R: Por que nadie la quiere seguir

Pues yo tengo otra prima, que le dicen:
La Antorcha Olimpia.
Y eso, ¿por qué?
R: Por que anda de mano en mano.

Y tengo otra prima, que le dicen:
La CFE !! (Comisión Federal de Electricidad)
¿Y por qué?
R: Por que si no le pagas a tiempo, te la corta.

Oiga compadre, ¿ya sabe que a su primo le dicen, el Fríjol?
No, ¿por qué?
R: Por que es rebueno pal´ Pedo.

Y usted ya sabe que al suyo le dicen el Caviar !!
No, ¿por qué?
R: Por que es la pura hueva fina.

Oiga compadre ¿Que a usted le dicen el pompas de puro?
No sabia, ¿Por que pompas de puro?
R: Por que son de puro milagro.

h) BEBIDAS PREPARADAS (y no son ningunas amigas). **Capacitación sobre coctelería.**

- Bebida que se mete a las fiestas sin ser invitada.
  R: Piña Colada

- Bebida fotogénica.
  R: Whisky.

- Bebida que te hace bailar Conga.
  R: Margarita.

- Bebida que te pone cómodo.
  R: Mezcal, por que te pone hasta la chanclas.

- Bebida preferida de Bill Clinton.
  R: La Vodka ... de Mónica Lewinski.

BIBLIOGRAFÍA

1.http://www.buenasiembra.com.ar/salud/psicologia/risa_es_contagiosa_y _terapeutica.htm

De Biase Tesy "LA NACION", Enero 2007

http://www.lanacion.com.ar/

2. http://www.jornada.unam.mx/2005/06/16/a02n1cie.php

3. García Walter David "Los efectos terapéuticos del humor y de la risa", Editorial Sirio S.A., Barcelona, España, Marzo 2002